Christa Wichardt
Das richtige Geschenk zum falschen Anlass?!

Ex Libris:

....

Christa Wichardt

Das richtige Geschenk zum falschen Anlass?!

Eine Chance, mit Ihren Präsenten zu be**eindruck**en!

Christa Wichardt Verlag

1. Auflage Oktober 1999

Copyright © 1999 by Christa Wichardt, Ludwigsburg

Das Werk einschließlich aller seiner Teile ist urheberrechtlich geschützt. Jede Verwertung außerhalb der Grenzen des Urheberrechtsgesetzes ist ohne Zustimmung des Verlages unzulässig und strafbar.

Das gilt insbesondere für Vervielfältigungen, Übersetzungen, Mikroverfilmungen, fotomechanische Reproduktion, Tonträger jeder Art, auszugsweisen Nachdruck oder Einspeicherung und Rückgewinnung in elektronischen Systemen - auch durch Film, Funk und Fernsehen.

Zitate sind nur mit ausführlicher Quellenangabe möglich.

Lektorat: Günther Wichardt
Herstellung: Druckerei Hornung, Ludwigsburg
Printed in Germany
ISBN: 3-934475-00-0

Ich widme dieses Buch über wichtige Aspekte des *richtigen* Schenkens all' denen, die durch sinnvolle Präsente ihre Mitmenschen besonders **wert**schätzen.

C. W.

Inhaltsverzeichnis

VORWORT 11

SCHENKEN HAT EINE TIEFE BEDEUTUNG 13

SCHENKEN IST KOMMUNIKATION 14

KULTUR DES SCHENKENS 16

GELD ODER GUTSCHEIN - STILVOLL VERSCHENKEN 16

KANN EIN GESCHENK ABGELEHNT WERDEN? 17

ORIENTIERUNGSPUNKTE ZUR GESCHENKAUSWAHL 19

1. FÜR WEN IST DAS GESCHENK? 19

1.1   GEBURTSORT 20

DIE KULINARISCHE REISE - QUER DURCH DEUTSCHLAND - ALS IDEENPOOL! 20

1.2   RELIGIONSZUGEHÖRIGKEIT 32

1.3   INTERESSENKATALOG 32

1.4   GESUNDHEITLICHE FAKTOREN 34

2. WIE IST DIE BEZIEHUNG? VERTRAUT? DISTANZIERT 35

3. WAS IST DER ANLASS? 37

4. WIE HOCH SIND DIE AUSGABEN? 37

5. WIE WIRD DAS PRÄSENT ZUGESTELLT? 38

HELFER BEI DER SUCHE NACH DEM IDEALPRÄSENT 40

KLEIDER MACHEN LEUTE! 44

PRÄSENTE UMWELTFREUNDLICH „REIZVOLL"
VERHÜLLT 45

GESCHENKE VERHÜLLEN - LEICHT GEMACHT! 47

DAS I-TÜPFELCHEN! 51

KLEINE FARBLEHRE..51

DER GLÜCKWUNSCHBRIEF IST TEIL DER GABE........54

ÄUßERLICHKEITEN..55

HANDSCHRIFT 57

ANREDE...59

DAS ADRESSFELD..62

SPRACHFIBEL! 63

SO WIRKEN FORMULIERUNGEN LEBENDIGER 67

MUSTERBRIEFE RUND UM'S KIND................................71

HOCHZEITSJUBILÄEN..82

GESCHENKVORSCHLÄGE 83

MUSTERBRIEFE GEBURTSTAGE...................................87

MUSTERBRIEFE NAMENSTAGE....................................97

GESCHENK-IDEEN FÜR GEBURTS- UND NAMENSTAGE
....145

MUSTERBRIEFE STERNKREISZEICHEN.....................146

GESCHENKEPOOL 158

MUSTERBRIEFE BERUFLICHE GLÜCKWÜNSCHE 159

MUSTERBRIEFE ÜBERRASCHUNG 166

NEUTRALE GESCHENKE 178

DIE DREI PHASEN DER GESCHENKÜBERGABE! 180

DER SCHENKENDE ÜBERREICHT SEIN PRÄSENT 180

DER BESCHENKTE NIMMT DAS PRÄSENT IN EMPFANG 182

DER GEBENDE WEIST DEN DANK VERBAL ZURÜCK! ... 183

WANN IST DER RICHTIGE ZEITPUNKT, DIE GABE ZU ENTHÜLLEN? 185

WIE KANN DER BESCHENKTE LOBEN? 185

SAG ES DURCH UND MIT BLUMEN! 189

LASST BLUMEN SPRECHEN! 191

ÜBER FORM, FARBE UND DUFT VERMITTELT DIE BLUME IHRE BOTSCHAFT 192

FÜR IHRE BRIEFMUSTER 202

NACHWORT 203

VORWORT

Der Brauch des Schenkens ist auch heute noch eine wundervolle Art, um Anerkennung auszudrücken. So ehrt ein Präsent einen Menschen an seinem Festtag und schafft durch die gemeinsame Erinnerung eine engere Ver**bindung**. Aufmerksamkeiten bestätigen nun einmal das Besondere an einer Beziehung.

Dieses Buch will mit seinen Ideen dazu beitragen, damit Ihre Gaben nicht in der berühmten Besenkammer landen. Die vermittelten Anregungen sollen Sie inspirieren, Ihre eigenen kreativen Gedanken zu entwickeln und darauf aufbauend neue Kunstwerke zu schaffen.

Ihr Exemplar: *„Das richtige Geschenk zum falschen Anlass?!"* dient als Grundrezept, um es mit individuellen Gewürzen zu verfeinern! Beim „Versucherle" – wie es im Schwäbischen so schön heißt – wünsche ich Ihnen viel Erfolg und Spaß!

Ihre
Christa Wichardt

Schenken hat eine tiefe Bedeutung

Bereits zu Nero's Zeiten war es Sitte, die verehrten Götter mit Gaben zu verwöhnen und freundlich zu stimmen. Die Römer gingen davon aus, so die Gunst der Heiligen leichter zu erhalten. Doch durften Geschenke nie zu protzig ausfallen, denn sonst ginge man das Risiko ein, für hochmütig zu gelten und damit die Himmelsherrscher zu erzürnen. Dieser Gefahr setzte sich natürlich kein Mensch aus.

Bis heute ist der Brauch des Schenkens erhalten geblieben – auch, wenn sich der ursprüngliche Sinn wandelte. Doch noch immer sollte an erster Stelle das Bedürfnis sein, Freude beim anderen auszulösen. Manchmal jedoch entsteht eher der **Eindruck**, Schenken sei ein Selbstzweck und jegliches Augenmaß im Gabenrausch verloren gegangen. Es scheint, als orientierten sich die Betreffenden lediglich am Preis einer Gabe und nicht am ideellen **Wert**. Ein zwanghafter Austausch von Geschenken ist häufig daraus geworden, wobei der eine den anderen zu übertreffen versucht.

Am besten sind Aufmerksamkeiten, die geheime Wünsche erfüllen. Dieses Ziel lässt sich jedoch nur dann erreichen, wenn der Schenkende vorher über Hobbys, Neigungen und Abneigungen des Empfängers nachdenkt. Schon allein die Beschäftigung mit den Interessen des Bedachten und die dafür investierte Zeit sind als Teil des Präsentes zu sehen.

Wer sich überlegt: *„Womit kann ich Frohsinn bereiten?"* sucht solange motiviert, bis er das seiner Meinung nach richtige Stück in Händen hält. Mit dieser Einstellung verliert Schenken den Beigeschmack von Pflichterfüllung und die Gabe kann am Festtag - ohne wie ein Fragezeichen auszusehen - souverän überreicht werden.

Schenken ist Kommunikation ...

... ein Gespräch zwischen Gebenden und Nehmenden. Und da ein Dialog immer zwei handelnde Partner erfordert, muss der Schenkende im Vorfeld aktiv werden, um vom Empfänger eine positive Antwort zu erhalten. Nur so wird der zwischenmenschliche Kon**takt** bestätigt und vertieft. Wer also ein Andenken nachlässig auswählt, kann keinen euphorischen Dank erwarten.

Der erste Eindruck wird vermittelt durch die Verpackungsart und Dekoration. Ein Geschenk wirkt immer; ob positiv oder negativ? – das bestimmen die Anstrengungen des Schenkenden! Wobei sich ein schlechter **Eindruck** nachhaltiger und länger einprägt als ein guter. Be**eindruck**end wie er ist, bleibt er jahrelang im Gedächtnis haften und wird in Gesprächen mit Außenstehenden weitergegeben.

Was ist denn überhaupt der erste **Eindruck**? Es ist die Optik der Gabe – sozusagen das äußere Erscheinungsbild. Sie signalisiert dem Adressaten die Grundhaltung, mit der der Bescherende das Ganze anpackte. Unbewusst verarbeitet und be**wert**et der Empfänger beim ersten Hinsehen das ihm Dargebotene und schickt es an seinen Wahrnehmungsspeicher. Dieser sucht dann sofort bereits vorhandene Dateien im Dokument „Erfahrung" und vermittelt ein archiviertes Meinungsbild. Sind die Zeichen negativ belegt, kann die Stimmung blitzschnell von himmelhochjauchzend umschlagen zu tief betrübt. Die Beziehung erleidet einen Knacks und im schlimmsten Fall kommt es zum Gesprächsabbruch.

Natürlich entstehen diese Reaktionen aus einem Schubladendenken heraus und verhindern überlegtes Handeln. Doch vertrauen die meisten Menschen blind dem eigenen Empfinden und agieren unbewusst darauf. Sie suchen sogar ständig nach Signalen, die den ersten **Eindruck** bestätigen und vertiefen: Keiner irrt sich gerne und gibt es dann auch noch öffentlich zu! Wer also nur einmal eine schludrig verpackte Gabe überreicht, dem schreibt sein Umfeld möglicherweise diese Gleichgültigkeit auch in anderen Situationen zu. Über einen Kamm scherend heißt es dann rasch: *„Von dem ist ja wohl nichts anderes zu erwarten!"*

Wie kann ein negativer Eindruck entstehen?
Beispielsweise dann, wenn das Geschenkpapier farblich nicht harmonisch zur Schleife oder den Accessoires passt; ein Präsent unverhüllt bleibt, weil es sowieso bald geöffnet wird; wiederverwendetes Einpackmaterial an manchen Stellen zerrissen ist; Falten schlägt, wo keine hingehören oder noch mit Klebeband vom letzten Einsatz behaftet ist. All' das trägt nicht gerade zu einer optimalen Ausstrahlung bei!

Der Mensch sieht seine Umwelt immer als Einheit, als Ganzes. Daher kehren solche „Kleinigkeiten" – die in Wirklichkeit ganz groß sind - den freudigen Zweck der Bescherung ins Gegenteil um und erzielen einen ungewollten Minuseffekt.

Natürlich fällt es bei manchen Personen leichter, das passende Geschenk zu finden. Doch mit der *richtigen* Disposition ist auch für den „Rest der Welt" etwas Geeignetes dabei.

Kultur des Schenkens

Auch hier gelten eigene Regeln von **Takt** und Einfühlungsvermögen. Was bedeutet das? Wer **takt**voll schenkt, achtet den zu Bescherenden und handelt niemals verletzend. Er akzeptiert seine Vorstellungen von schön, praktisch, brauchbar – auch dann, wenn er ganz anders darüber denkt: Er praktiziert **Wert**schätzung.

Worauf es ankommt, ist im Wortsinn bereits enthalten: Menschen in ihrem Selbst**wert**gefühl anzuerkennen und nicht zu kränken. Geschenke - egal zu welcher Gelegenheit – müssen daher immer die Person achten! Auf der Basis eines hoch- oder **wert**schätzenden Umgangs miteinander darf deshalb das Präsent weder den Nehmenden beschämen noch ihn in Verlegenheit bringen.

Diese Lebensart setzt enormes Fingerspitzengefühl voraus. So Denkende haben erkannt: *„Es gibt viele Möglichkeiten, Dinge wahrzunehmen"*. Das ist auch der Grund, weshalb sie immer mit den „Augen des Empfängers" ein Präsent auswählen und ihren persönlichen Blickwinkel in den Hintergrund stellen.

Geld oder Gutschein - stilvoll verschenken

Geldgeschenken oder Gutscheinen haftet der lieblose Ruf an, sie seien ohne größeren Aufwand ausgesucht. Verbunden mit einer lustigen Idee und einem originellen Brief kann daraus ein geeignetes Präsent werden. So hat der Schenkende den Vorteil, sich das Passende auszuwählen - doch sollte diese Art der Geschenke eher die Ausnahme bleiben.

Tipp: Geldmünzen in Eiswürfel einfrieren und dann als „coole" Überraschung schenken.

Alternativen zu Geldgeschenken:
- Aktien, Investmentfonds, Bausparverträge, Sparbücher
- Ein Lottozettel mit einem Vierer-, Fünfer- ...-Gewinn
- Jahreslos für eine Fernsehlotterie ...

Kann ein Geschenk abgelehnt werden?

Wer das tut, verletzt den Gebenden. Ist das Präsent jedoch als Bestechung erkennbar, hat es seinen ideellen Sinn verloren. Hier ist eher die Motivation des Schenkenden zu spüren, den Partner abhängig zu machen und für eigene Wünsche zu missbrauchen. Daher besteht in solchen Ausnahmefällen kein Zwang, das Geschenk anzunehmen.

Um ein eventuelles „G'schmäckle" der Bestechung zu vermeiden, ist es in vielen Firmen Usus, die erhaltenen Werbegeschenke zu sammeln und beispielsweise an der Weihnachtsfeier allen am Erfolg beteiligten Kolleginnen und Kollegen als Dankeschön zu überreichen. Eine nachahmenswerte Sitte, die den Mitarbeitern ein WIR-Gefühl vermittelt.

Die sorgfältige Planung ist ein weiterer Baustein zum *richtigen* Schenken. Doch die Realität lehrt uns meist etwas anderes: Ob vor Weihnachten, Geburtstagen, Jubiläen oder sonstigen Ehrentagen - die verzweifelte Frage lautet oft: *„Was soll ich nur mitbringen?"* Allein diese Worte verdeutlichen die Hilflosigkeit vieler. Und sobald aus Schenken-wollen ein Schenken-müssen wird, ist die Gefahr groß, mit dem Gewählten Schiffbruch zu erleiden.

In solchen Situationen verharren die Unentschlossenen handlungsunfähig und warten bis zum letzten Drücker - immer in der Hoffnung, etwas Passendes falle noch rechtzeitig ein. Aber Wunder dauern bekanntlich länger, und der Termin steht früher vor der Tür als gedacht! Panikartig wird dann Hals über Kopf *irgendetwas* gekauft, nur um nicht ohne ein Geschenk aufzutauchen. Erkennungsmerkmale dieser Artgenossen sind der Kondensstreifen im Kaufhaus und das blitzartige Vorschnellen der Hände zum Regal, um im Vorbeigehen das Duftwässerchen - natürlich im Zweierpack, weil's günstiger ist! - oder eine Schachtel Pralinen an sich zu raffen.

So ein Stress-Einkauf muss nicht sein, denn jeder Festtermin ist lange genug im Voraus bekannt und lässt ausreichend Zeit zur Organisation - wenn nur das Timing stimmt!

Hinzu kommt: Jede Gabe verliert bei dieser lieblosen Vorgehensweise ihren Symbolcharakter: Da wir uns selbst nicht verschenken können, übernimmt sie quasi eine Stellvertreterfunktion: Jedes **Präsent** re**präsent**iert den Schenkenden und signalisiert, wie er die Beziehung zu seinem Mitmenschen be**wert**et. Verständlicherweise ist bei einer gedankenlos ausgesuchten Zuwendung der Empfänger wenig be**eindruck**t.

Wie diese Fehler vermeidbar sind? Damit beschäftigt sich das nächste Kapitel ...

Orientierungspunkte zur Geschenkauswahl

Manche tappen mit ihren Gaben immer in die Abseitsfalle: Sie wollen Kranke mit Chrysanthemen zur schnelleren Genesung ermutigen - nicht ahnend, dass sie Trauerblumen mitbringen. Nach ihren Vorstellungen möge der Vegetarier vor Freude über das Wurstpaket fünf Meter in die Höhe hüpfen, und der Obstallergiker die exotischen Früchte mit Genuss verzehren, obwohl er danach am Körper aussieht, als hätte er die Masern!

Reagiert der Beschenkte dann nicht so euphorisch wie es sich sein Gönner vorstellt oder sogar mit „Annahme verweigert", ist flott die Erwiderung parat, *wie undankbar doch die Menschheit sei; schließlich meine man es ja nur gut! Dann wäre der ganze Aufwand nicht notwendig gewesen.*

Andere Menschen dagegen finden für *jeden Anlass das richtige Geschenk.* Sie treffen zu hundert Prozent und bescheren angemessen. Wieso? Diese Personen entscheiden nicht aufgrund eigenem Wunschdenken, sondern nach dem Stilgefühl des Adressaten. Als Anhaltspunkte dienen ihnen dabei folgende Fragen:

1. Für wen ist das Geschenk?

Meinungen über geschmackvoll und kitschig sind so gegensätzlich, wie die Individuen, die sie vertreten. Daher ist es möglich, wenn ein Präsent dem Beschenkten zwar gefällt; der Schenkende jedoch wenig damit anzufangen weiß und es eher in die Kategorie „unbrauchbar" einordnet. Dennoch besorgt er – davon überzeugt, das *Richtige* zu wählen - das ersehnte Andenken.

Wer so handelt, benimmt sich nicht gleichgültig. Im Gegenteil: Er stellt den zu Erfreuenden in den Mittelpunkt seiner Betrachtungen und entspricht dessen Erwartungshaltung. Das ist kommunikatives Handeln. Was wiederum bedeutet, eine Gabe auf Bedürfnisse, Motive und Wünsche des Partners anzupassen. Je besser das gelingt, um so eher werden die Ziele erreicht, Freude auszulösen und einen guten **Eindruck** zu vermitteln. Daher besitzen „Internas" über den zu Bescherenden einen nicht zu unterschätzenden Stellenwert. Diese könnten sein ...

1.1 Geburtsort

Jeder freut sich über eine Überraschung aus der Heimat. Warum also nicht ein regionales Menü zaubern und den Jubilar zum Essen einladen?

Die kulinarische Reise - quer durch Deutschland - als Ideenpool![1]

Badische Leckerbissen - hier verwöhnt traditionelle Küche den Gaumen! Für den Badener gibt es nichts Schöneres, als den Feinschmeckerausflug durch die Jahreszeiten.

Essen:
- Rehrücken „Baden-Baden" mit Pfifferlingen und Preiselbeeren
- Schwarzwald-Forelle
- Spargel und „Chratzete"
- „Tellersulz" (Schweinernes in Sülze)
- Vesper: Rettich, Schwarzwälder Schinken, Hausmacher Blut- und Leberwurst, Bauernbrot

---
[1] Die Liste ist nicht komplett.

- „Dambedei" (Nikolausgebäck)
- „Hutzelbrot" (Früchtebrot)
- Schwarzwälder Kirschtorte

Trinken:
- „Chriesiwässerli" (Obstler aus dunklen Schwarzwälder Kirschen), Himbeergeist, Schlehenschnaps, „Quetsch" (Pflaumen- oder Zwetschgenschnaps)
- **Wein:** Gewürztraminer, Gutedel, Müller-Thurgau, Nobling, Silvaner, Spät- und Weißburgunder

Gourmetstückle aus **Württemberg** erschweren dem Genießer die Auswahl!

Essen:
- „Flädlesuppe"
- „Kässpätzle"
- Linsen und „Spätzle"
- Maultaschen
- Schupfnudeln auf Filderkraut (Sauerkraut)
- Schwäbischer Zwiebelkuchen

- Springerle

Trinken:
- **Wein:** Clevner, Lemberger, Riesling, Schillerwein, Schwarzriesling, Trollinger
- **Bier:** Dinkelacker, Schwabenbräu

Bay'risch Deftiges: Auch die „Bajuwaren" schätzen ausgezeichnete Kochkunst! Ihr Motto: *„Das beste Gmüas is's Fleisch"* verrät einiges über die Mentalität und den gefüllten Teller.

Essen:
- Brotzeit mit „Obatzda": Camembert mit Frischkäse, Butter, Salz, Pfeffer, Kümmel, Paprika, Zwiebel – dazu: „an Radi (Rettich), a Semmel oder a Brez'n"
- Kalbs- oder Schweinshaxe
- Semmelknödel mit „Rahmschwammerl" (Pilze)
- Regensburger „Fischwürsterl"
- Weißwürst' mit süßem Senf

- Apfelstrudel
- Münchner Prinzregententorte

Trinken:
- „A kühle Maß": Hefeweizen

Franken - im „Land der Bocksbeutel" werden die Gaumenfreuden geweckt!

Essen:
- „Dätscher" (Salzgebäck zum Wein)
- Pichelsteiner Topf
- Rostbratwürste auf Sauerkraut
- Sauerkraut mit Presssack oder Leber-, Blut- und Bratwürste
- Wildgerichte mit Wacholder- oder Preiselbeeren

- Hefebuchteln
- Nürnberger Lebkuchen

Trinken:
- **Wein**: Bacchus, Blauer Spätburgunder, Kerner, Müller-Thurgau, Riesling, Silvaner
- **Bier:** „Märzen" oder Rauchbier: „Schlenkerla"

Hessische Leckerli: In diesem Bundesland sammelten die Gebrüder Grimm „Stoff" für ihre Märchen und etlich' gute Rezepte!

Essen:
- „Ahle Worscht"
- Frankfurter Würstchen
- „Grie Sooß" (Grüne Sauce)
- Handkäs mit Musik
- Hessische Speckpfannkuchen
- Presskopf
- Rote Wurst: Schwarten-, Brat- und Cervelatwurst
- Schwarze Wurst: Leber- und Blutwurst

- Bethmännchen (Weihnachtsgebäck)
- Frankfurter Brenten (Marzipangebäck - schmeckte schon Goethe)
- Frankfurter Kranz

Trinken:
- Bembel mit „Ebbelwei" (Apfelwein)
- **Wein:** Bacchus, Faber, Silvaner, Weißburgunder
- Federweiße (neuer Wein)

Gustostückerl aus dem **Rheinland:** Manche Kochanleitung aus „Großmutter's Nähkästchen" entlockt dem Kenner ein Lächeln der Vorfreude!

Essen:
- Bergischer Heringsstipp
- „Halve Hahn"
- Himmel und Erde mit Blutwurst
- „Rievkooke" (Reibekuchen)

- Gefüllte „Dütchen"
- Spekulatius

Trinken:
- **Wein:** Dornfelder, Kerner, Müller-Thurgau, Riesling, Spätburgunder

Im Schlaraffenland **Pfalz** lädt das milde Klima zur kulinarischen Pause ein!

Essen:
- Kastaniengemüse
- „Kerscheplotzer"
- Kesselfleisch mit Brot
- Pfälzer Saumagen
- Spargelpfannkuchen

- Wolfszähne (Gebäck)
- Pfälzer Mandelplatte

Trinken:
- **Wein:** Ehrenfelser, Gewürztraminer, Kerner, Portugieser, Ruhländer (Tokayer oder grauer Burgunder), Silvaner

Saarländische Schmankerl: Der kleinste deutsche Flächenstaat - im Goutieren ganz groß!

Essen:
- „Bibbelschesbohnesupp" (Schnittbohnen)
- „Gefillde" (gefüllte Kartoffelklöße) in Specksauce mit Kraut
- „Gelleriewemutsch" (Eintopf mit Karotten)
- „Grumbeer-Kieschelscher" (Reibekuchen)

- „Quer-durch-de-Garde" (Suppe mit Hülsenfrüchten)

Trinken:
- Pils = „de passende Wein zum Schwenkbrode"
- Apfelwein: „Viez" oder Saarwein
- Schloß-Saarfels-Sekt

Ausgeprägte Gastfreundschaft bittet zu einem Ausflug nach **Nordrhein-Westfalen** „rund um Backofen und Herd"!

Essen:
- „Bookweten-Janhinnerk"
- „Panhas" (geschmortes Rindfleisch)
- „Pfefferpotthast" (westfälisches Gulasch)
- Dicke Bohnen mit Speck
- Mettwurst
- Schweinepfeffer
- Westfälischer Sauerbraten
- Westfälischer Schinken

- Aachener Printen
- Apfelklöße mit Weinsauce
- Pumpernickelpudding

Trinken:
- **Bier:** Dortmunder Helles, Duisburger Alt, Kölsch
- Wacholderschnaps

Feinschmecker aus **Niedersachsen:** „An der Nordseeküste" - da gibt es neben leckeren Fisch viel „Mee(h)r"!

Essen:
- Aal, Krabben, Matjes
- Göttinger Speckkuchen
- Greetsieler Krabbensuppe
- Grünkohl
- Labskaus (Eintopf aus Pökelfleisch, Salzheringe, Kartoffeln, Rote Rüben, Gurken)
- Miesmuscheln nach „friesischer Art"

- Bienenstich
- Buchweizengrütze
- Butterkuchen

Trinken:
- Korn, Kümmel, Wacholderschnaps
- **Bier**: Jever

Gaumenfreuden aus **Bremen** - frisch auf den Tisch!

Essen:
- Bremer Kükenragout (Hühnerfrikassee + Meeresfrüchte)
- Bremer Blockfinken (Eintopf aus weißen Bohnen, Speck und Äpfeln)
- Kohl und „Pinkel" (Grünkohl + Pinkelwurst = eine besondere Art von Grützwurst)
- Krabben, Scholle

- Rote Grütze

Trinken:
- „SV-Werder-Wein" (weißer Bordeaux)
- Korn, Kümmel

Variationen aus **Schleswig-Holstein:** Im Land „zwischen den Meeren" ist der Speiseplan vielfältig!

Essen:
- Heringe, Krabben, Matjes, Scholle
- Grünkohl
- Gänse und Enten
- Helgoländer Hummer
- Sylter Austern

- Lübecker Marzipan

Trinken:
- Korn und Kümmel
- Rum
- **Bier**: Flensburger

Die **Hamburger** bevorzugen traditionelle Kost und lieben exotische Gewürze!

Essen:
- Grüne Heringe aus der Pfanne
- Hamburger Aalsuppe
- Hamburger Pfannfisch
- Labskaus
- Schellfisch in Senfsauce
- Scholle in Speck gebraten nach Art der Finkenwerder Fischer

Trinken:
- „Köm" (Kümmelschnaps)

Mecklenburg-Vorpommern grüßt mit 1000 Seen und einer einmaligen Schlemmerküche!

Essen:
- Fischalphabet: Aal, Barsch, Dorsch, Flunder, Hering, Zander
- Gänse mit Backpflaumenfüllung
- Mecklenburger Rübchensuppe
- „Pommersche" Hagebuttensuppe oder Schweinskeule
- Rügener Entenbraten
- Stralsunder Fischertopf

- Beerengrütze
- „Kalte Nasen" (Eierteigtaschen mit Quarkfüllung)

Trinken:
- Eierbier oder -wein
- „Köm" (Kümmelschnaps)
- Sanddornsaft
- Teepunsch

Briefentwurf - gespickt mit Plattdeutsch:

Lieber Knut,

die Klock hat [2]deinen 60. Geburtstag eingeläut'. Von überall gratulieren dir die Lüd - und auch wir wünschen dir alles Gute zum Festtag!

Bei Pantüffelsupp und einer Buddel Wein hucheln und klönen wir über dunemal. Es ist wieder einmal bannig schön bei dir zu Huus!

Wiebke und Gerd

Brandenburg hat neben Theodor Fontane's Birnbaum viele Leckereien zu bieten!

Essen:
- Alt Brandenburger Schmorbraten in Ingwersauce mit Rotkohl und Kartoffelklößen
- Frankfurter Bratenteller
- Grützwurst (Schweinskopf, Bauchfleisch, Zwiebel, Gerstengrütze)
- Karpfen in Lebkuchensauce mit Mandeln und Rosinen
- Martinssteak mit „Fehrbelliner Reitersauce"

- Forster Hefeplinsen
- Pulsnitzer Pfefferkuchen

Trinken:
- Bier

---

[2] Nach den neuen Rechtschreibregeln wird die Briefanrede in „Duzform" klein geschrieben.

Berlin bietet nicht nur Appetithäppchen an der „Currybude"!

Essen:
- Buletten
- Currywurst und „Fritten"
- Havel-Zander
- Hirschkeule und Hasenpfeffer
- Kohlroulade

- Berliner Pfannkuchen („Berliner")
- Berliner Sahneplinsen
- Schokoküsse

Trinken:
- Berliner Weiße

Sachsen-Anhalt – das „Land der tausend Gräben" muss sich auf dem Gebiet der Feinkost nicht verstecken!

Essen:
- „Altmärkische Hochzeitssuppe" aus Eierstich
- Harzer Schmorwurst
- Harzer Feinschmeckerspieß
- Harzer Käse
- „Himmel und Erde" (Äpfel von den Bäumen und Kartoffeln aus dem Boden)

- Baumkuchen

Trinken:
- Rotkäppchensekt
- Saale- und Unstrutwein
- Schierker Feuerstein (Magenkräuter)

„**Sachsen** - einfach stark!" - das Motto dieses Bundeslandes!

Essen:
- „Ärdappelkließ" mit Gänse- oder Kaninchenbraten
- Leipziger Allerlei
- Schlachteplatte
- Schweinsnacken

- Dresdner Weihnachtsstollen
- Fürst-Pückler-Eis
- Leipziger Eierschecke
- Pulsnitzer Pfefferkuchen

Trinken:
- Wein aus dem Elbtal
- Obergäriges Bier

Nach den Worten eines Feinschmeckers gehören in das Landeswappen von **Thüringen** Messer und Gabel! Das macht neugierig auf die Küche und Gastlichkeit der „Einheimischen".

Essen:
- „Feldkieker" (magere, luftgetrocknete Schweinswurst)
- Knack-, Rostbrat-, Leber- und Blutwurst
- Kalbfleisch mit Stachelbeersauce
- Marinierter Schweinekamm

- Räuberspieß (Gurken, Wurst, Weißbrot, Schinkenspeck)
- Thüringer Klöße
- Zwiebelkuchen und Speckkuchen

- Apfelpfannkuchen
- Liegnitzer Bomben
- Mohnschnitte

Trinken:
- Wein aus Pillnitz und Wachwitz

1.2 Religionszugehörigkeit

Im Sinne der Hochschätzung und der Anerkennung des Andersdenkenden ist der Glaube des zu Beschenkenden zu berücksichtigen, besonders dann, wenn die Religion bestimmte Nahrungsmittel verbietet wie Alkohol, Schweinefleisch oder „unkoschere" Zubereitung ...

1.3 Interessenkatalog: Der Geschenkempfänger ...

- bevorzugt eine Automarke? Blume? Farbe? Restaurant? Vegetarisches Essen ...?

- engagiert sich für: Erhaltung der Umwelt? Soziale Einrichtungen? Selbsthilfegruppen ...?

- favorisiert Apfel-, Rot,- Rosé,- Weißwein? Bier? Champagner? Cognac? Obstsäfte ...?

- geht gerne zum Faschingsball? Fußballspiel? Jazz-Festival? Ins Kino? Musical? Oper? Theater ...?

- macht Urlaub auf der Schönheitsfarm? In der Karibik? An der Nordsee? In den Bergen ...?

- ist ein großer Tierfreund: Fische? Hunde? Katzen...?

- interessiert sich für Antiquitäten? Architektur? Computer? Geschichte? Komponisten? Literatur? Malerei? Philosophie? Sprachen ...?

- ist sportlich aktiv: Bergsteigen? Fußball? Golf? Rad fahren? Schwimmen? Squash? Tennis ...?

- liebt Nachspeisen: Cremes? Götterspeise? Guglhupf? Pudding? Rote Grütze? Sorbet? Torten? Tiramisù? Vanille-, Zitronen, Pistazieneis? Exotische Früchte ...?

- liest begeistert Abenteuerromane? Gedichtbände? Krimis? Reiseberichte? Science-fiction-Bücher ...?

- mag internationale Speisen aus: China? Deutschland? England? Frankreich? Griechenland? Italien? Schweden? Spanien ...?

- reist „Rund um den Globus" - am liebsten Extremtouren in die Antarktis? Wüste? Safaris ...?

- sammelt alte Aktien? Antiquitäten? Bilder? Briefmarken? Bücher? Computerspiele? Gläser? Münzen? Musik-CD's? Porzellan? Spieluhren? Telefonkarten? Vasen ...?

- spielt ein Instrument: Akkordeon? Geige? Harmonium? Klavier? Oboe? Orgel? Schlagzeug? Trompete ...?

Das „Steckenpferd" der Ehrenperson zu nutzen, hat Vorteile. Dahinter verbirgt sich aber auch eine gewisse Gefahr: Andere Freunde könnten dieses Wissen ebenfalls verwenden, um etwas Brauchbares zu schenken; und nicht zuletzt kauft sich der Betreffende selbst bei Bedarf die für sein Hobby erforderlichen Utensilien. Somit ist das Angebot an Fehlendem geringer und das Risiko von Doppelpräsenten groß. Diese Idee ist aber zumindest dann nützlich, wenn sie die obligatorische Flasche Wein ersetzt.

 Ausnahmetipp: Ein Geld- oder Gutschein-Geschenk zum Anlass entsprechend verpackt!

1.4 Gesundheitliche Faktoren

Menschen, die aufgrund einer Nickelallergie keinen Modeschmuck am Körper vertragen, freuen sich kaum über diese Zuwendung. Auch weiß ein Diabetiker wenig mit einem Paket aus Süßigkeiten anzufangen. Und genauso hält sich der Herzkranke an das Alkoholverbot seines Arztes - trotz der dickbauchigen Cognacflasche, die sein Besucher mit aufmunternder Mimik ans Klinikbett stellt.

2. Wie ist die Beziehung? Vertraut? Distanziert?

Bei einer gewachsenen inneren Bindung sind Vorlieben oder Aversionen des Betreffenden bekannt und leichter in die Überlegungen einzubeziehen. Komplizierter wird es dagegen bei beruflichen Einladungen. Hier entscheidet der gute **Eindruck** über den weiteren Verlauf einer geschäftlichen Beziehungsebene. Deshalb ist in diesen Fällen besondere Sorgfalt und Sensibilität bei der Geschenkauswahl erforderlich. Wobei ein lediglich auf der Zusammenarbeit beruhender flüchtiger Kontakt die Entscheidung nach einem re**präsent**ativen Andenken erschwert. So bereitet manch' Dienst- oder Firmenjubiläum, die Beförderung sowie Verabschiedung eines Kollegen in den Ruhestand tiefe Denkfalten auf der Stirn des Suchenden.

 Tipp: Bei vertraulichen Beziehungen eignen sich privatere Dinge; bei Personen, zu denen ein distanziertes Verhältnis besteht, sind sachlichere angemessener!

Checkliste:
Beziehungsebene

Vertraulich/familiär: Eltern, Tochter, Sohn, Schwester, Bruder, Oma, Opa, Onkel, Tante, Neffe, Nichte ...

Freundschaftlich: Kommilitone, Mitschüler, Musiklehrer, Sportkameraden, Trainer ...

Distanziert: Ausbilder, Geschäftspartner, Kollege, Mitarbeiter, Vorgesetzter ...

Willkommene Gaben sind exotische Speisen, fremdländische Früchte oder „Fünf-Sterne-Getränke". Einem Weinkenner einen exzellenten Tropfen zu kredenzen, ist immer ein Volltreffer. Wem bei Rebsorten, Geschmack, Lage und Anbau das notwendige Know-how fehlt, der lasse sich einfach vom Fachmann beraten.

Bei Nahrungsmitteln ist Vorsicht geboten! Leicht verderbliche Ware muss durch einwandfreie Lagerung oder Kühlung haltbar bleiben. Ohne eine solche Garantie wäre dieser Entschluss noch einmal zu überlegen, denn ein Gourmet riecht sofort, wenn das Produkt „a G'schmäckle" hat. Fingerspitzengefühl ist auch dann angebracht, wenn der zu Bescherende nach dem Sprichwort lebt: *„Was der Bauer nicht kennt, ..."*!

 Tipp: Genmanipulierte Lebensmittel sind nicht überall als Geschenk gern gesehen!

Um erfolgreich Wünsche zu erfüllen, hilft das Interesse am Jubilar und das Vertrauen in die eigene Charakterisierung des zu Beschenkenden. Fällt dann immer noch nichts Passendes ein, stehen Bezugspersonen - wie Familienangehörige, Freunde, Mitarbeiter, Kollegen - bestimmt gerne beratend als Interviewpartner zur Seite.

Den Betreffenden selbst um eine Anregung zu fragen, ist die absolute Notlösung - reduziert es den Überraschungseffekt auf ein Minimum! Es sei denn, der Bescherende will als „gute Fee" eine Bitte erfüllen. Doch Vorsicht: Manch' kostspieliger Traum ist für moderne Geister oft nicht realisierbar!

3. Was ist der Anlass?

Handelt es sich um ein traditionelles Fest wie Ostern, Weihnachten, Taufe, Kommunion, Firmung, Konfirmation, Geburtstag, Verlobung oder Hochzeit? Oder ist es ein Jubiläum, das ein einmaliges Andenken erfordert? Die Antwort darauf bringt den Suchenden ein Stück näher ans Ziel, denn je nach Anlass kommen traditionelle Präsente in die engere Auswahl.

 Tipp: Geschenk-Ideen (siehe Stichwortverzeichnis)!

4. Wie hoch sind die Ausgaben?

Kunstvoll schenken ist keine Frage des prall gefüllten Geldbeutels. Es gibt viele hübsche Artikel, die den Etat wenig belasten, zumal - entgegen der weit verbreiteten Meinung - nicht der Kaufpreis den **Wert** einer Gabe bestimmt; vielmehr sind es die guten Gedanken des Schenkenden und sein persönliches Engagement bei der Zusammenstellung. Das Bestreben, mit dem Geschenk Freude auslösen zu wollen, ist **wert**voller als das Präsent.

Wer die Gabe durch ein Versandunternehmen zustellen lässt, der sollte zusätzliche Gebühren einkalkulieren!

Tipp: Geschenke im Sinne des Finanzamtes sind „unentgeltliche Zuwendungen" – also Leistungen, die zu keiner Gegenleistung verpflichten. Die Grenze beträgt DM 60,-- pro Jahr; bis zu diesem Betrag kann das Präsent als Betriebsausgabe geltend gemacht werden!

**Checkliste:
Budget**

- Minimum
- Maximum
- Steuerfrei

---

5. Wie wird das Präsent zugestellt?

Welches Geschenk den Gabentisch ziert, hängt auch davon ab, ob es der Geber persönlich überreicht oder anliefern lässt. Manch' einzigartiges Kunstwerk verlor auf dem Weg von Briefkasten zu Briefkasten seine Fassung und kam in Kleinstteilen an. Das ist sicher nicht im Sinne des Erfinders! Scherben bringen zwar Glück - dennoch fällt der Verzicht hier leicht!

 Tipps:
- Wer nicht persönlich anwesend sein kann, entscheide sich für stabilere Geschenke!
- Das Präsent rechtzeitig abschicken, damit es pünktlich am Veranstaltungsort ankommt!
- Popcorn eignet sich für zerbrechliche Produkte ausgezeichnet als Paketfüller!

Checkliste: Zustellung

- Persönlich
- Vertreter
- Per Post
- Zustelldienst
- Versandauftrag

Zusammenfassung:

Ein Präsent sollte ...

- ... dem Anlass entsprechend ausgesucht werden.
- ... sich an der bestehenden Beziehung orientieren.
- ... der Persönlichkeit des Beschenkten entsprechen.
- ... kein Werbegeschenk mit Firmenaufdruck sein.
- ... nicht zu persönlich und
- ... nie zu üppig ausfallen, weil es sonst verpflichtet und aus dem Rahmen purzelt.

Helfer bei der Suche nach dem Idealpräsent ...

... das sind Anregungen, um zeitsparender das *richtige* Geschenk zu finden!

Für eine 100-prozentige Trefferquote der Zufriedenheit eignen sich am besten die bei einem früheren Gespräch genannten Bitten oder Wünsche. Da diese im Eifer des Geschehens verloren gehen und bei Bedarf in unserem Gedächtnis nicht unbedingt sofort abrufbereit sind, hat sich die **Wunschliste** bewährt. Das können Karteikarten sein, auf denen neben dem Namen geäußerte Anliegen des Betreffenden oder eigene Geistesblitze stehen. Professionelle Schenker schreiben auch bereits erfüllte Illusionen auf, um beim nächsten Anlass etwas Neues mitzubringen. Diese vorausschauende Maßnahme ermöglicht ein flottes Auskramen, wenn gute Ideen Mangelware sind und vereitelt *„The same procedere as every year"*.

„Hellsichtige" notieren sich die beim letzten Besuch erspähten möglichen **Geschenk-Lücken** - etwa ein Bild oder eine Vase aus Keramik, Porzellan - einfach Dinge, die harmonisch die Wohnungseinrichtung unterstreichen. Möglich wäre auch ein Orangenbäumchen für einen südländischen Flair im Wintergarten - wenn's denn passt!

Ganz praktisch ist eine **Geschenke-Truhe** – natürlich genügt bei Platzmangel auch ein Schrankfach. An diesem Aufbewahrungsort lagern die beim letzten Stadtbummel als verwendbar eingestuften Fabrikate und warten auf ihre große Stunde. Dann schimmern die eingepackten Präsente wie in einem Juwelenkästchen - blau, gelb, gold, grün, rot oder türkis ...

Tipp: Sofort den Namen des Empfängers auf das eingepackte Geschenk notieren - sonst kann es leicht zu Verwechslungen kommen!

Auch, wenn der ideale Adressat dazu nicht gleich einfällt - diese Vorsorge ist immer dann eine wesentliche Erleichterung, wenn kurzfristig ein Präsent benötigt wird. Denn ohne „Geschenkevorrat" fällt es dann oft wie Schuppen von den Augen: *„Ach, hätt' ich doch nur den Kerzenleuchter mitgenommen! Jetzt könnt' ich ihn gut verschenken".* Wer nun g'schwind den Einkauf nachholen möchte, erlebt oft eine herbe Enttäuschung: Das gute Stück ist ausverkauft oder bis zum benötigten Termin nicht mehr lieferbar!

Steht der zu Erfreuende bereits gedanklich fest? Um so besser! Und was spricht dagegen, sich nicht selbst aus dem „Schatzkästchen" zu verwöhnen?

Präsente aus artgeschützten Tieren sollten nicht verschenkt werden. Hier mögen die Worte von Heinz Erhardt zum Nachdenken anregen:

„Ich badete im Ganges
(das ist eine Art Nil).
Im Ganges schwamm was Langes
auf Flügeln des Gesanges.
Das war ein Krokodil.

Es sang: *Die alten Zedern,
die blühen weiß und rot.
O, hätte ich doch Federn,
wär's Leben nicht so **ledern** -
besonders **nach** dem Tod."*

Tipp: Tiergeschenke an Kinder zuerst mit deren Eltern abstimmen!

Ideen gibt es ausreichend - Anregungen auch! Es genügt, Augen und Ohren auf Empfang zu stellen und die bei nächster Gelegenheit entdeckten Kreationen geistig zu archivieren. Versehen mit minimalen Änderungen erblühen ständig neue Unikate, die Erstaunen beim Betrachter auslösen. Weitere „Appetitanreger" sind dieses Buch, Kataloge, Zeitungen, Zeitschriften oder Schaufensterdekorationen. All' dies animiert doch gerade zur Nachbildung und ermutigt zu eigenen außergewöhnlichen Werken.

Checkliste:
Helfer bei der Ideensuche

- Geschenk-Lücken
- Geschenke-Truhe
- Ideensammlung
- Interessenkatalog
- Wunschliste
- Familienangehörige
- Freunde
- Kollegen / Mitarbeiter
- Absolute Notlösung: Empfänger

Zusammenfassung:

Wer so zielstrebig vorgeht, spart Zeit und Energie für andere Tätigkeiten. Und eine gute Organisation schont auch den Geldbeutel.

Entspannt lässt sich nach getaner „Arbeit" der nahenden Geselligkeit entgegensehen, denn das *richtige* Präsent wartet bereits gut verhüllt auf seinen Auftritt.

Also, warum nicht Geschenke auf Vorrat besorgen?!

Kleider machen Leute!

So wie die Uniform aus einem armen Tropf den Hauptmann von Köpenick schuf, gewinnt ein Präsent erst durch seine Kleidung an Attraktivität und erreicht eine optimalere Ausdruckskraft. Das äußere Erscheinungsbild entfaltet einen Gegenstand erst zum Designerstück und zieht als prächtige Festgabe die Augen des Publikums auf sich. Äußerlichkeiten faszinieren! Daher ist ein noch so liebevoll ausgesuchtes Geschenk ohne kleidsamen Anzug unvollendet.

Nicht Perfektion dominiert bei der Verpackung; eher der ideelle Sinn: die Anstrengung, Geduld und Intention, etwas Besonderes kreieren zu wollen. Das sind Merkmale intensiver Zuwendung und **Wert**schätzung gegenüber dem zu erfreuenden Mitmenschen - genau die Zeichen, auf die es beim Schenken ankommt.

Das Bestreben, ein Original zu schaffen, spornt die Kreativität des Schenkenden an. Das sind Menschen, die phantasievoll mit immer pfiffigeren Ideen einen Teil ihrer Individualität sozusagen in die Verpackung stecken. Alles Personen, die sich bereits beim Einpacken den vor Freude strahlenden Jubilar vorstellen und manchmal erst durch diese Aufgabe ihre künstlerische Ader entdecken.

Wie langweilig sind dagegen achtlos in Papier geknüllte Aufmerksamkeiten! Wie einfaltslos ist es, das Einpacken auf das Kaufhauspersonal abzuwälzen, weil die Mitarbeiter geschult seien und es im Schlaf beherrschten! Und wieviel Enthusiasmus entsteht beim Auspacken, wenn mitten auf dem Geschenkpapier in großen Lettern das Firmenemblem des „Verpackungsunternehmens" klebt – denn jede Werbefläche will ja genutzt sein! All' das schmälert doch enorm den immateriellen **Wert** des Andenkens!!

Das „Kleid" eines Geschenkes vermittelt dem Umfeld einen tiefen Einblick in die persönliche **Wert**ordnung des Schenkenden. Ein schlampig eingerolltes oder unverpacktes Präsent mag ein Viertelstündchen sparen; wenn es jedoch einsam neben vielen exotischen Schönheiten auf dem Gabentisch liegt, purzelt es doch gewaltig aus dem Erwartungsrahmen des Gastgebers. So eine Verhaltensweise verletzt und brüskiert den Einladenden und betont nicht die Würde einer Feier. Ist es dann dem Jubilar zu verübeln, wenn er den zum Geschenk gehörenden Absender für immer von der Teilnehmerliste streicht?

P räsente umweltfreundlich „reizvoll" verhüllt

„Alle Jahre wieder kommt das Christuskind..." - und damit auch die vor Geschenkpapier überquellenden Mülleimer. Vereinzelt sortieren Feiernde brauchbare Teile zur Wiederverwendung aus; meist transportieren sie diese jedoch nach der Bescherung in die „Grüne Tonne". Vielleicht aus Zeitmangel, weil die duftende Gans im heißen Ofen auf den Verzehr wartet oder um das Chaos in der guten Wohnstube sofort wieder zu beseitigen oder einfach nur aus Unwissenheit?

In dieser Situation erlebt der Schenkende dann im Kreis seiner Lieben, wie sein bunt verziertes und mühevoll eingerolltes Präsent unter dem Christbaum hervorgezerrt, ruckzuck entkleidet wird und mit einem *„Ah, schön"* auf dem wackligen Stapel der anderen Gaben landet.

Diese Handlungsweise kränkt denjenigen, der beim Einpacken immer wieder die Schleife zupft, damit ja die Optik stimmt! Auch verlor manch' edle Tanne in solch' hektischen Momenten das Gleichgewicht und fiel polternd mitsamt Kugeln, Kerzen und Holzfiguren auf den Boden. Na dann: *„Fröhliche Weihnacht' überall ..."!*

„Einfälle statt Abfälle!" – sind gefordert! Umweltbewusste Verbraucher achten bereits beim Kauf von Verpackungsutensilien auf die Erhaltung der Natur. Statt glitzernde Metallic-, Lackfolien oder Cellophanhüllen steigen sie um auf umweltschützendes Material wie Well-, Pack- oder Seidenpapier; Zeitschriften; Landkarten; Stoff- oder Wollreste; Hand-, Seiden- oder Geschirrtücher und einiges mehr. Der aufmerksame Konsument findet ein breites Angebot und entdeckt für jede Gelegenheit - nicht nur für das Weihnachtsfest – etwas Originelles.

 Tipps:
- An Recycling denken: Warum nicht gebrauchtes Geschenkpapier auf der Rückseite faltenfrei bügeln?

- **Kein Geschenkpapier daheim und es muss schnell gehen!** Hier hilft die Tageszeitung - nicht als Lückenfüller, sondern als glänzende Idee. Aufgemotzt mit einer Blume, fetzigen Brillenstickern, Schreibutensilien - eben alles, was hierfür in Frage kommt – fertig ist die gekonnte Verpackungsidee!

> **Checkliste:**
> **Umweltfreundlich verpacken**
>
> - Kalenderblätter
> - Landkarten
> - Möbelkatalog
> - Packpapier
> - Papier-, Stoff-, Tapeten-, Wollreste
> - Plakate
> - Poster vom Idol: Sportler, Sänger ...
> - Seiden-, Geschirr-, Handtücher
> - Well-, Kartonpappe
> - Zeitungen

Geschenke verhüllen - leicht gemacht!

Ziel der Verpackung ist es, das Mitgebrachte schmückend zu verbergen, um neugieriges Erstaunen beim Beschenkten auszulösen. Ein ansprechendes Outfit erhöht die Begeisterungsfähigkeit. Sätze wie: *"Das ist ja umwerfend! Viel zu schade zum Auspacken!"* belohnen den Gebenden für sein Engagement in der Vorbereitungsphase.

Diese Glücksgefühle löst derjenige am ehesten aus, der das Geschenk dem Anlass und Thema entsprechend „anzieht". So wie der klassische Musikfan den Wiener Opernball mit einem and'ren G'wand besucht als ein Open-air-Spektakel gilt auch hier: immer den passenden Ausgehrock wählen!

Tipps:

- Für den Einzug in das neue Heim den Immobilienteil der Zeitung als Verpackung nehmen!
- Oder ein Geschenk in den „Nationalfarben" einpacken!

Entscheidend für die Verpackungsart ist der Geschmack des Empfängers, welcher von Mensch zu Mensch differiert. Was auf manche schön und poppig wirkt, umschreiben andere mit geschmacklos. Und umgekehrt: Was der eine als romantisch deklariert, ist für wenige antik, langweilig oder konservativ.

Form und Größe des gewählten Geschenkes bestimmen das endgültige Styling. Wobei auch hier die Regeln des guten Umgangs miteinander gelten. Das bedeutet: Der Hüllenumfang ist in Relation zum Geschenk maßzuschneidern, da er eine gewisse Vorfreude beim Empfänger auslöst. Deshalb wäre ein gigantisches Ulk-Paket mit dem Inhalt einer Kinokarte fehl am Platz. Wer das nicht beachtet, erntet eher **Frust statt Freude!**

Es wäre doch sehr schade, wenn eine ausgelassene und fröhliche Stimmung einer Gruppe einfriert, nur weil ein Gast denkt, er müsse sich auf Kosten des Einladenden köstlich amüsieren. Entsprechend dem Sprichwort: *„Was du nicht willst, dass man dir tut, das füg' auch keinem and'ren zu!",* ist vorher abzuwägen, ob die eigene humorige Einstellung mit der des Jubilars übereinstimmt.

 Tipp: Taktgefühl bei der Verpackung signalisiert:
*„Du bist es mir **wert,** dass ich mich für dich anstrenge!"*

Bevor sich ein Präsent in Schale wirft, sollte der Designer unbedingt das Preisschild entfernen! Oder ist es nicht bedauerlich, wenn der Empfänger aufgrund eines **Schnäppchen**angebotes einge**schnappt** reagiert - besonders dann, wenn er alles Günstige als Ladenhüter einstuft?!

Die bezaubernde Anekdote von Loriot darf hier einfach nicht fehlen:

> *„Preisschilder neben den Gaben aufzustellen,*
> *gilt in gebildeten Kreisen als unfein.*
> *Man hat die Zahlen im Kopf,*
> *um sie gelegentlich ins Gespräch einzuflechten."*

Sind diese Dinge geklärt, dann geht's weiter. Zuerst an die Außenhaut, wobei einfarbige Materialien wie Pack-, Well- oder Krepp-Papier sich gut für variable Formen eignen:

- Märchenhelden auf's Papier zaubern wie Aladin, König der Löwen, Phantasiefiguren, Scherenschnittmuster oder das Gesicht des Adressaten
- Kartoffeldruck- oder Blattdruckmotive
- Grafitti.

 Tipps:
- Schablonen helfen beim Zeichnen!

- Reizend sind auch bunt gemusterte Geschenkbogen, die es in allen Farben, Motiven, Preisklassen, Qualitäten im Bastelgeschäft gibt!

- Doppelseitiges Klebeband oder Sprühkleber ermöglichen den „unsichtbaren" Halt des Papiers!

Umweltfreundliche Verbraucher entscheiden sich für Wiederverwendbares: eine leere Keksdose mit Weihnachtsmotiven; eine poppige Schachtel, ein verziertes Holzkästchen oder auch ein „Blankopaket", das mit Farben aufgepeppt wird. Und warum nicht selbst ein Etui basteln?

 Umwelttipp: Alte Behälter, Boxen, Cornflakes- oder Schuhschachteln, Einkaufs- oder Milchtüten (vorher auswaschen), Tapetenreste oder bereits verwendetes Geschenkpapier aufheben - mit lustigen „Garnituren" aufgemotzt – gleich entsteht ein neues Outfit.

Checkliste:
Sinn der Verpackung

- Als Teil des Geschenkes ist die Verpackung vom Beschenkten anerkennend zu behandeln und nicht achtlos aufzureißen.

- Die Verpackung schmückt das Präsent und entfacht die Neugier beim Empfänger.

- Kunterbunt umhüllte Erinnerungsstücke bereichern den Gabentisch und verschönern die Feier.

Das i-Tüpfelchen!

Ein Geschenk ohne phantasievolle Verzierung ist wie ein Himmel ohne Sterne – erst die Dekoration verleiht dem Präsent den letzten Pfiff. Dabei sind der kreativen Entfaltung keine Grenzen gesetzt! Lediglich die Farbharmonie von Geschenkpapier und Dekor muss **stimmen,** denn Farben beeinflussen die **Stimmung**. Und da jeder Mensch eine andere Couleur bevorzugt, sind auch die Reaktionen darauf unterschiedlich. Glück hat, wer die Lieblingsfarbe des Empfängers kennt und nutzt!

Kleine Farblehre

- Blau - wie das Wasser und der Himmel - wirkt beruhigend.

- Gelbe Tupfer assoziieren Wärme – die Strahlen der Sonne – als Ausblick auf den Sommer.

- Gold, Silber oder Kupfer verleihen dem Präsent einen edlen Touch.

- Grün ist das Kleid der Natur – die Farbe des Frühlings.

- Rot die Couleur des Lebens und der Vitalität.

- Weiß oder Schwarz lassen neben sich noch viele andere Farbkombinationen zu.

Tipp: Ein zur Farbe des Geschenkpapiers abgestuftes Dekor wirkt sehr stilvoll und zeigt das Gespür für Ästhetik!

Bänder aller Couleur - verschieden gefaltet und an unterschiedlichen Ecken des Päckchens platziert - sorgen für abwechslungsreiche Optik. Doch Achtung! Schleifen nie zu fest knoten, denn auch das Öffnen der selben ist als Zeremonie zu sehen. Lässt sie sich nur mit einer Schere öffnen, dann ist symbolisch die Freundschaft in Gefahr, denn Messer oder Scheren zerschneiden eine Ver**bindung**. Deshalb sind diese Gegenstände auch als Geschenke nicht ratsam.

**Checkliste:
Umweltfreundliche Schnürmaterialien**

- Bast
- Hanf
- Jute
- Stoff- oder Wollreste

Eine andere Methode

Mit Sprühkleber eine Spur ziehen und bevor der Klebstoff trocknet schnell mit Buchstaben – eventuell Namensinitialen - Federn, Glitzermotiven, Muscheln, Sand, Sternchen oder anderen „Gerätschaften" die Verpackung bestreuen - ein hübscher Blickfang! Darf's etwas Mehr sein? Dann eignen sich Anstecknadeln, Eisschirmchen, Fähnchen, Girlanden, Hufeisen, Klebezahlen, Konfetti, Lampionsticker, Luftschlangen, Pailletten, Modeschmuck, Sternzeichen, Sticker - einfach alles Kleine und Schmückende eben!

Und auch Produkte aus der Natur kommen in Frage: Ähren, Beeren, Blätter, Gräser, Kräuter, Paprika, Obst oder Zweige. Aber nur dann, wenn garantiert die Dekoration nicht nach kurzer Zeit den Kopf hängen lässt.

 Tipps:
- Auch einmal an Trockenblumen denken oder

- Blüten 2-mal kopfüber in flüssiges Wachs (am besten weiß) eintauchen; so entsteht ein haltbares und seltenes Dekor!

- Bei der Dekoration niemals zu viel Putz auftragen – sonst wirkt das Geschenk überladen!

Checklisten:
Umweltfreundliches Dekor

Selbstgebasteltes aus:
Papier, Perlen, Ton, Stroh, Salzteig, Holz ...

Girlanden aus Naturmaterialien:
Kastanien, Nüsse, Äpfel, Orangen, Trockenblumen ...

Dekoration ...
- muss farblich zum Geschenkpapier passen.

- peppt das Outfit der Verpackung mit Requisiten auf.

- darf einen Hinweis auf den Inhalt geben.

Der Glückwunschbrief ist Teil der Gabe!

Bereits im alten Ägypten lebten Menschen von der hohen Kunst der Formulierungen. Natürlich hatten sie keine Briefbögen wie wir sie heute verwenden. Die Gelehrten schrieben auf Papier aus Papyrus – einer aus dem Nahen Osten stammenden Pflanze, von der auch der Name „Papier" kommt.

Schon zur damaligen Epoche waren Personen, die sich klug ausdrücken konnten, angesehene Bürger. Der Pharao beschäftigte in seinem Palast immer mehrere dieser Federhelden, die seine Regierungspost bearbeiteten. Ob Diplomatie oder Aggression - die Wortgewandten fanden stets das treffende Vokabular.

Bis heute haben die Bedeutung der Korrespondenz und des persönlichen Sprachstils nicht nachgelassen. Doch leider kommen Briefe im Zeitalter der Elektronik etwas zu kurz. Schade auch der neue Trend, an Weihnachten nur vorgedruckte Karten – bequem mit dem Faksimile-Stempel unterschrieben – zu versenden; und das erst am 23.12.!

Ist denn der Aufwand wirklich so groß? Geringschätzender kann eine Verhaltensweise nicht sein. Wer so denkt und handelt, sollte das Portogeld sparen! Vergessen wird doch dabei: Durch den Brief entsteht ein Gespräch. Sensibel und ausdrucksstark gehandhabt, wird aus ihm ein Medium, mit dem sich vieles sagen lässt, was im Alltagstrubel leicht vergessen wird.

Lösen dann noch individuelle Formulierungen Standard-Redewendungen und Floskeln ab, entsteht ein auf den Jubilar und Anlass gestrickter Text, der den Betreffenden anerkennt. So hebt die Wortwahl die Bedeutung der Feier hervor und die einfühlsame Sprache würdigt den zu Ehrenden an **seinem** Festtag - genau die Aufgaben einer Gratulation!

So nach Maß gefeilt, wächst aus einer abgedroschenen Mitteilung ein Schriftstück, welches die Gabe krönt. Der Glückwunschbrief wird ein wesentlicher Bestandteil des Geschenkes - und kein Begleitschreiben, das lediglich den Anstand wahrt. Er ist ein Ver**bindung**sstück zwischen Schenkendem und Beschenktem, um die bestehende **Bindung** noch engmaschiger zu knüpfen.

Mit dieser **wert**schätzenden Einstellung kreiert der Verfasser Briefe, die noch Wochen, Monate oder sogar Jahrzehnte nach der Festivität lesens**wert** sind. So ermöglichen die auf den Jubilar zugeschnittenen Begriffe jederzeit einen geistigen Rückblick auf die schönen Stunden - der Ehrentag bleibt immer in guter Erinnerung und lässt sich gedanklich wiederholen.

 Tipp: Geschriebene Worte wirken länger und sollten deshalb treffend formuliert sein!

Kein Geringerer ist der Brief als ein reisender Botschafter, der die Denkweise seines Verfassers re**präsent**iert, den Leser be**eindruck**en und für sich gewinnen will! Um diese hohen Ziele zu erreichen, gilt es einige Faktoren zu beachten:

Äußerlichkeiten

Bei der Definition des ersten **Eindruckes** sind Äußerlichkeiten in der Briefkultur so einzustufen, wie die Bedeutung der Kleidersprache im beruflichen Umfeld: Sie bestimmen den Erfolg oder Misserfolg entscheidend mit!

Im Vorstellungsgespräch zum Beispiel sollte für den Bewerber eine gepflegte und zu seinem Typ passende Erscheinung selbstverständlich sein – und ist es ja auch in den meisten Fällen. Warum dann bei der Auswahl des Briefmaterials eine Ausnahme machen? Das perfekte Briefpapier ist die Bühnenkulisse, über die der Leser den Verfasser „sieht" und sich ein Urteil bildet, das er gleich in seine Gehirn-Schublade ablegt.

 Tipp: Briefbogen und -hülle bilden eine Einheit und sollten – besonders bei Gratulationsbriefen – von gleicher Qualität und Farbe sein!

Das Briefkuvert sticht sofort ins Auge. Daher verharren Fensterbriefumschläge bei festlicher und sehr persönlicher Korrespondenz wie Einladungen, Danksagungen oder Gratulationen im Schreibtisch - auch, wenn sie rationeller sind. Qualitativ hochwertige „lukenlose" Hüllen sind der geeignetere Ersatz dafür.

Ebenso läuten Frankiermaschinen bei Glückwunschschreiben ihren Feierabend ein. Warum nicht beim Porto an eine Sonderbriefmarke denken? Oder einen Briefmarkensammler mit kleinen Raritäten erfreuen! Es muss ja nicht unbedingt gleich die „Blaue Mauritius" sein!

 Tipps:
- Nachporto vermeiden!

- Den Umschlag nicht mit Briefmarken überhäufen. Ausnahme: Der Sammler freut sich über Sondermarken!

Handschrift

Sind handschriftliche Briefe ein intensiveres Zeichen der Anerkennung und **Wert**schätzung? Dies ist eindeutig mit einem dicken **Ja!!** zu beantworten, denn die Handschrift als Teil der Körpersprache ist ein Ausdrucksmittel der Persönlichkeit. Lediglich bei einer unleserlichen Schreibe, bei der der Empfänger erst ein Namensrätsel lösen muss, ist die Reduzierung auf die per Hand verfasste Anrede, den Gruß und die Unterschrift sinnvoller.

Tipp: Der Füller eignet sich am besten für handschriftliche Briefe, denn er formt sich nach dem Schriftzug seines „Halters"!

Das Geschenk im Gratulationsbrief zu erwähnen, ist sehr praktisch - schließt es doch Verwechslungen bei der späteren Danksagung aus. Nicht nur bei Großveranstaltungen weiß der Gastgeber dieses vorausschauende Denken zu schätzen.

Zum Abgewöhnen ein „SO-NICHT-MUSTER":

Anrede: *Sehr geehrter Herr Kempe*

Text:
Bezugnehmend auf Ihr 40-jähriges Dienstjubiläum faxe ich Ihnen heute meine Gratulation - obwohl ich mir nicht gerne die Last des Briefeschreibens aufhalse, da mein Arbeitstag eh' schon hektisch genug ist.

So fasse ich mich kurz: Für Ihren Einsatz in den letzten Jahren dankt Ihnen das Unternehmen sehr. Auch haben Sie bald das Alter für den Vorruhestand erreicht. Schlagen Sie nicht länger mein Pensionärsangebot aus!

Um Ihnen die Karten für das Alpha-Konzert zu besorgen, musste ich die allergrößten Schwierigkeiten auf mich nehmen. Trotzdem wünsche ich Ihnen viel Vergnügen bei der Veranstaltung und verbleibe

Grußformel:
Hochachtungsvoll

Baron Münchhausen

TEXTANALYSE ZUM „SO-NICHT-MUSTER!":
Anrede

Warum nicht: *„Lieber Herr Kempe"*. Nach vier Jahrzehnten ist bestimmt eine vertraulichere Beziehung zwischen Mitarbeiter und Unternehmensführung entstanden, die auch eine entsprechende Anredeform rechtfertigt und sogar erfordert.

Anredemuster - handschriftlich:
- Sehr geehrte, liebe Frau Glück,
- Liebe Claudine, lieber Lars,
- Guten Morgen, sehr geehrter Herr Stein,
- **Alternativ:** „Zu Ihrem heutigen Geburtstag / Jubiläum gratulieren wir Ihnen, lieber Herr Fröhlich."

Platz für Ihre Ideen:

_____
_____
_____
_____
_____

Über die Anrede schafft man die erste Beziehung zum Leser. Deshalb sollte sie sympathisch und fehlerfrei formuliert sein. Ganz wichtig dabei: immer die Anredegewohnheiten des Empfängers beachten! Wer „Herrn **Dr.** Gustav Glückspfennig" nur mit „Herrn Gustav Glückspfennig" anredet, kann leicht einen entrüsteten Antwortbrief mit den Worten erhalten: *„Sagen Sie doch gleich Gustav zu mir"*!

Hier einige Regeln für die korrekte Anrede:

- Die schriftliche Anrede ist bei akademischen, Amts-, Ehren- und bedeutenden Funktionstitel wie die mündliche. Bei mehreren Titeln steht der je nach Briefanlass wichtigere: *„Sehr geehrte Frau Bürgermeisterin"; „Sehr geehrter Herr Rechtsanwalt".*

- „Herr Professor" erfolgt ohne den Familiennamen: *„Sehr geehrter Herr Professor".*

- Der Doktortitel ist Bestandteil des Namens und darf sogar im Personalausweis stehen: *„Sehr geehrter Herr Dr. Klinik".*

- Hat jemand den Doktortitel und habilitiert, erhält der höher zu bewertende Titel den Vorrang - also: *„Sehr geehrter Herr Professor".*

- Titel gehen nicht automatisch auf den Ehepartner über. Falsch: *„Sehr geehrter Herr Dr. Koch",* wenn die Frau promoviert hat.

- In einer Gesetzesbestimmung der Weimarer Reichsverfassung von 1919 wurden in Deutschland die Adelstitel abgeschafft. Obwohl kein rechtlicher Anspruch besteht, die Anredeformen als Persönlichkeitsrecht jedoch gesellschaftlich anerkannt und erhalten geblieben sind, werden Adelstitel in der Anrede genannt.

Was ginge im ersten Absatz besser ...
- Es ist unhöflich, Gratulationsbriefe per Fax zu senden. Außerdem ist unsicher, ob der Brief überhaupt leserlich seinen „Zielhafen" erreicht. Ausnahme: bei sehr guten Freunden! Auch ist der Satz viel zu lang.

- In „unserem" Musterfall sieht es so aus, als ob das Fest vergessen wurde und das Faxgerät der „rettende Anker" war. Besser: Briefe termingerecht abschicken!

- Baron Münchhausen hätte mit seiner geringschätzenden Einstellung (das Gegenteil von **Wert**schätzung) besser nicht geschrieben. Der letzte Satzteil ist völlig deplaziert.

... im zweiten Absatz ...
- *„... dankt Ihnen das Unternehmen sehr."* Besser: *„danke ich Ihnen sehr"*, denn auch im Brief kommt es auf eine positive Ich-+/Du-Beziehung an.

- Ein Vorruhestandsangebot gehört nicht in eine Gratulation. Möchte Baron Münchhausen den Jubilar „wegloben"?

... und im dritten Absatz?
- *„... allergrößten Schwierigkeiten in Kauf nehmen."* Wer sich nicht anstrengen will, der sollte nichts schenken! Und bei vierzig Jahren Unternehmenszugehörigkeit kann sich die Führungsebene auf diese Art für die Mitarbeit und Treue bedanken.

- *„Trotzdem..."* Besser: *„Ich wünsche Ihnen unvergessliche Stunden!"*

- *„und verbleiben ..."* - eine Floskel, die in **jedem** Brief stört!

- Der Abschlussgruß *„Hochachtungsvoll"* ist veraltet und passt nicht mehr zum heutigen sympathischen Briefstil.

Muster für handschriftliche Abschlussgrüße:
- Herzliche Grüße aus Ludwigsburg
- Freundliche Grüße nach Stuttgart
- Mit herzlichem Gruß / Grüßen
- Es grüßen euch die Frankfurter, Wiesbadener ...
- Beste Grüße / Wünsche
- Liebe Grüße aus dem Rheinland / Oberbayern ...
- Aus Berlin liebe Grüße / Glückwünsche
- Freundschaftliche Wünsche / Umarmung
- Vom Kölner Dom sommerliche Grußboten/ Frühlingsgrüße ...
- Deine / Ihre Freunde aus der Goethestraße ...
- Eure Sportkameraden aus Ulm, München, Konstanz ...

Platz für Ihre Ideen:

_____
_____
_____
_____
_____
_____

Das Adressfeld

Nichts liest der Mensch lieber als seinen Vor- und Nachnamen! Doch korrekt geschrieben muss er sein - und daran hapert es meistens. Da landen Briefe auf dem Gabentisch an *„Herrn Karin Merkel"* oder *„Frau Peter Konrad";* der *„Herr Rechtsanwalt"* ist *„Herr Oberstudienrat";* aus *„Frau Müller"* wird - weil der Familienname so geläufig ist – *„Frau Maier"; „Fürstin Marienfeld"* wird zur Gräfin degradiert; die Postleitzahl ist mit einem Zahlendreher versehen und die *„Rieslingstraße"* wird kurzerhand in *„Trollinger*

Weg" umgetauft. So gelangt ein Gratulationstext erst nach einer wochenlangen Odyssee beim Jubilar und aus lauter Enttäuschung über die verspätete Ankunft im Papierkorb.

Der Urheber beweist damit gegenüber dem Empfänger keine **Wert**schätzung. Wäre das anders, hätte er sich nach der richtigen Anschrift erkundigt. Zumal bekannt sein müsste, dass nur ein korrektes Adressfeld die direkte und schnelle Zustellung garantiert.

 Tipp: Falls die Tagesadresse nicht mit dem Wohnsitz identisch ist, dann den Gratulationsbrief an den Ort der Veranstaltung senden!

Sprachfibel!

Das Wort „Brief" kommt aus dem Lateinischen und ist verwandt mit „brevis", was kurz bedeutet. Er ist also ein „brevis libellus" - ein kurzes Schriftstück. Die besondere Würze erhält er jedoch nicht durch die Kürze, sondern durch das Talent, mit wenigen Worten gezielt und ansprechend auf den Partner und Anlass einzugehen.

Um den raketenartigen Start in der Anrede nicht durch ein Nachlassen der Schubkraft zu bremsen, fallen Floskeln, Papier- und Füllwörter - oder sogar Füllsätze – im Text einfach unter den Tisch; besteht deren Aufgabe darin, lediglich das Geschriebene aufzupludern.

Noch immer möchte der Verfasser einen einzigartigen Brief schaffen, der beim Gastgeber und Gästen das Lob entlockt: *„Oh – was für ideenreiche Formulierungen!".* Wie ein Schriftstück diese Reaktionen nicht auslöst, zeigen die folgenden Beispiele, die in ihrer übertriebenen Form zur Abschreckung dienen sollen:

Bitte aus dem Briefwortschatz streichen:

1. Abkürzungen:
- „Der *Aküfi*[3] reduziert eine Unterhaltung auf Insider."
- „*B. a. w.* freue ich mich auf Ihre Veranstaltung."
- „Möge Ihnen unser Buch viel Frohsinn *bzw.* Spaß bereiten."
- „Sie feiern heute Ihr 25-jähriges Dienstjubiläum, *d. h.* es ist Ihr Ehrentag!"
- „Im Januar *d. J.* sind Sie in Ihr neues Haus eingezogen."
- „*Evtl.* interessieren Sie sich für eine Konzertkarte?"
- „Wir wünschen Ihnen viel Freude beim Lesen *etc. etc.*"
- „Ihr *o. g.* Geburtstag ist ein großes Erlebnis für Sie!"
- „Es handelt sich *u. a.* um einen erlesenen Wein."
- „Kulinarisches aus Italien, Spanien *usw.* lässt das Wasser im Munde zerlaufen."
- „Mögen Sie Glück *u. v. m.* haben."
- „*Vgl.* Sie unser Präsent mit anderen!"
- „Dieses Lexikon ist *z. B.* schwer im Fachhandel zu besorgen."
- „*MfG*"

2. Floskeln:
- „*Auf diese Art und Weise* lernen wir uns kennen!"
- „*Aller Voraussicht nach* treffe ich gegen 10.00 Uhr ein."
- „*Bezug nehmend* auf Ihre Geburtstagsparty sage ich meine Teilnahme zu."
- „*Demzufolge* findet Ihr Fest in München statt."
- „*Dessen ungeachtet* wünschen wir Ihnen viel Erfolg."
- „*Infolgedessen* betrachte ich Ihren Brief als Einladung."
- „*Interessehalber* nehme ich an Ihrer Feier teil."
- „*Möglicherweise* verspäte ich mich."

---

[3] Abkürzungsfimmel

- *„Normalerweise* bin ich pünktlich."
- *„Ihrer baldigen Veranstaltung mit Freuden entgegensehend verbleiben wir mit freundlichen Grüßen"*
- „Für Ihre Einladung *vielen Dank im Voraus.*"
- *„Unter Außerachtlassung* meiner ständigen Terminnot sage ich zu."
- *„Für Ihren Brief dankend* teile ich Ihnen heute meine Absage mit."

3. Füllwörter:
- *„Eigentlich* wollte ich Ihnen schon lange gratulieren."
- *„Irgendwie* findet sich immer ein Geschenk."
- *„Natürlich* habe ich an Ihren Geburtstag gedacht."
- *„Selbstverständlich* freue ich mich auf Ihre Hochzeit."
- „Sie *müssen vielmals entschuldigen*, weil ich Ihr Fest vergessen habe."
- „Ich *würde* meinen, es war ein harmonisches Treffen."

4. Doppelaussagen:
- „Sie feiern als erste *weibliche Mitarbeiterin* Ihr 40-jähriges Dienstjubiläum!"
- „Wir gratulieren Ihnen zu Ihrer *neu renovierten* Wohnung."
- „Der Goldtaler ist eine *seltene Rarität!*"
- „Entschuldigen Sie bitte die *zeitliche Verzögerung.*"
- „Zu einem Geburtstag gehört einfach *lauter Krach!*"
- „Wir wollen Ihren Feiertag *optisch ins Bild* setzen!"
- „Würden wir es nicht mit *eigenen Augen sehen* - wir glaubten es nicht!"

5. Wenig Interesse signalisierende Aussagen:
- „Leider kann ich an Ihrem Fest nicht teilnehmen, da ich *anderweitig* beschäftigt bin."
- „Man sieht sich *irgendwann einmal.*"

- „Bis demnächst in diesem Theater."
- „Wir telefonieren in Bälde."
- „Wir bleiben in Kontakt."
- „Man hört wieder voneinander."

6. Superlativ (Höchstform Eigenschaftswort)

Falsch:	Richtig:
herzlichsten Glückwunsch	herzlichen
freundlichsten Grüßen	freundlichen
meistgelesenste Buch	meistgelesene
superschnelles Rennrad	schnell
tollste Geschenk	tolles

7. Modewörter:
- „Zwei Eintrittskarten für die Filmfestspiele sind *cool!*"
- „Ein guter Riesling aus Württemberg mundet *echt* köstlich!"
- „Käse aus Frankreich schmeckt *ehrlich* gut!"
- „*Gigantisch* - die Klassik-CD!"
- „*Megamäßig* - die Musik mit den Evergreens!"
- „*Riesig* das Bild von der Popgruppe Surprise!"
- „*Superscharf* finde ich das Strickmuster auf dem Pullover*!*"

Nach diesen Modellen ist leicht nachvollziehbar, wie wenig ein geistarmer Text be**eindruck**t. Kreative Sprache ist nicht schwer! Es bedarf lediglich der Freude am Spiel mit den Worten.

Eine große Hürde ist bereits dann genommen, wenn das Denken: *„Ich muss unbedingt heute noch den Brief schreiben"* ersetzt wird durch: *„Ich will den Jubilar erfreuen"*.

Tipp: Kreative Formulierungen stehen nicht auf Knopfdruck parat. Daher mehr „Luft" lassen, um gute Passagen zu entwerfen!

Jeder Einzelne denkt, spricht und schreibt - wie „ihm der Schnabel gewachsen" ist. Das bedeutet: Menschen unterscheiden sich auch in ihrem aktiven Sprachschatz. Zwar dienen als Grundlage die Regeln der Grammatik; doch verwendet jeder sein Lieblingsvokabular. Das ist auch der Grund, weshalb ein Brief das Wesen; die Persönlichkeit des Verfassers dokumentiert.

SO WIRKEN FORMULIERUNGEN LEBENDIGER:

1. Sprichwörter einfach anders fortführen:
- „Backe, backe Kuchen, der Bäcker hat gerufen. Herzliche Gratulation zur bestandenen Meisterprüfung!"
- „Eigner Herd ist Goldes wert! Möge unser Geldgeschenk den ersten Schreck über die hohe Küchenrechnung mildern."
- „Gedanken sind zollfrei – und noch nicht mehrwertsteuerpflichtig. Wir gratulieren dir zu deiner tollen Idee!"
- „Man soll den Tag nicht vor dem Abend loben - doch Ihr Fest ist wahrlich für alle ein traumhaftes Erlebnis!"
- „Sie sind ein Mann, der nicht nur A sagt. Wir haben Sie als Partner kennen gelernt, auf den immer Verlass ist."
- „Wer will fleißige Handwerker seh'n, der muss zu Peter Hausmann geh'n!"
- „Wie ein Hansdampf in allen Gassen legten Sie im letzten Jahrzehnt die Schienen zu Ihrem Erfolg."

Platz für Ihre Ideen:

_____
_____
_____
_____
_____
_____

2. Bildsprache:
- „Durch Ihr jahrelanges Vertrauen in die eigene Kraft und Fähigkeit bauen Sie ein Imperium auf, das in Deutschland einzigartig ist."
- „Petri Heil! Fische dir eine schnuck'lige Wohnung aus den interessanten Immobilienangeboten!"
- „Sie haben die Gelegenheit beim Schopfe gepackt und die Regionaldirektion Hamburg in eine erfolgreiche Bahn gelenkt!"
- „Ich bin froh, dich zu meinen Freunden zu zählen. Schon seit Jahren funken wir auf der gleichen Wellenlänge."

Platz für Ihre Ideen:

_____
_____
_____
_____
_____
_____

3. Mit Gewürzen den Text „abschmecken":
- „Erfolg ist wie das Salz in der Suppe! Eine Brise davon genügt völlig, um motiviert weiter zu machen!"
- „Zu einer peppigen Partnerschaft gehört mehr als nur ein einzelnes Pfefferkorn!"
- „Der Zimtbaum mit seinen ihm zugeschriebenen starken Kräften wird dich stets unterstützen!"

Platz für Ihre Ideen:
_____
_____
_____
_____
_____
_____
_____

 Tipp: Briefkopien aufheben und eine Mustermappe anlegen!

Checkliste:
Briefe gestalten[4]

- Gratulationsschreiben besitzen einen lang anhaltenden Erinnerungs**wert**.

- Jeder Brief wird ein Einzelstück, wenn die Formulierungen auf Person und Anlass zugeschnitten sind. Deshalb fallen Abkürzungen, Mode-, Papier-, Füllwörter oder Superlative weg. Nur so wirkt ein **Text** natürlich!

- Bei der Wortwahl daran denken: Viele Gäste lesen die Zeilen und be**wert**en gedanklich, wie hoch der Verfasser die Ver**bindung** zum Adressaten einstuft.

- Hauptziele festlicher Briefe sind die Anerkennung des Jubilars und der ebenbürtige Rahmen für das Präsent. Daher sollte der Verfasser nie verletzend, ironisch, tadelnd oder zynisch schreiben.

- Jeder Mensch nimmt ein Fest auch mit seinen Sinnesorganen wahr - dazu gehört: den Brief „fühlen, sehen und riechen".

- **Takt** und Einfühlungsvermögen vermittelt der gute **Ton** in der Sprache.

- Anrede, Gruß und Unterschrift sind eine Einheit und auch bei Computerbriefen immer handschriftlich zu ergänzen.

---

[4] Gratulationsbriefe können von der DIN-Norm abweichen.

Musterbriefe Rund um's Kind

 Geburt:

Liebe Katharina, lieber Christian,

zur Geburt der kleinen Stefanie gratulieren wir euch von ganzem Herzen!

Die Fortschritte eurer Tochter zu sehen, ihre Entwicklung zu fördern und zu genießen - das ist eine verantwortungsvolle, spannende und lebenslange Aufgabe. Manchmal werdet ihr dabei sicher auch an eure Jugend erinnert.

Unterstützt durch eure Erfahrung wird „Klein-Steffi" bestimmt zu einer selbstbewussten Frau heranwachsen, die den täglichen Herausforderungen souverän begegnet.

Wir wünschen euch Dreien für die Zukunft Glück und Zusammenhalt in guten und in schlechten Tagen!

Herzliche Grüße aus Ludwigsburg

Maureen und Lars

✉ **Taufe:**

Liebe Patricia,

das heilige Sakrament der Taufe ist deine Aufnahme in die christliche Gemeinde. Ein wichtiger Moment für dich, deine Familie und auch für mich – als Patentante.

Ich empfinde es als Ehre, dich über das Taufbecken zu halten. Doch bin ich mir auch bewusst, damit eine verantwortungsvolle Aufgabe zu übernehmen; die ich aber mit Freuden erfüllen werde. Wenn du mich brauchst, dann bin ich für dich da – vergiss' das bitte nie!

Sobald wir uns einmal von „Frau zu Frau" unterhalten können, erzähle ich dir, wie du dich strampelnd und schreiend vor dem „kühlen Taufwasser" retten wolltest. Dabei hast du mich ganz schön nass gespritzt und zur allgemeinen Aufheiterung beigetragen.

Die an dein Taufkleid gesteckte Goldbrosche schenke ich dir als Talismann. Jahrelang hat mich das Schmuckstück beschützt.

Deine Tante Barbara

✉ **Einschulung:**

Lieber Marco,

heute ist ein großer Tag für dich! Zum ersten Mal gehst du in die Schule. Und damit dir der Weg nicht so schwer fällt, begleiten dich deine stolzen Eltern, Paten, die Omi und auch der Opapa.

In den nächsten Jahren – manchmal sogar Jahrzehnten – prägen dich deine Lehrer und Schulkameraden. Es ist eine Phase im Leben, in der du unzählige Erfahrungen sammelst. Dabei sollen die guten stets überwiegen! Doch denk' daran: In traurigen Stunden gewährt dir deine Familie Schutz, Unterstützung und Geborgenheit und gibt dir Kraft für neue Taten.

Möge dich das Geschenk „Abenteuer mit Winnetou" anspornen, den Unterricht als Reise in ein unbekanntes Land zu sehen. So manchen Hügel wirst du erklimmen! Dabei wünsche ich dir eine große Portion Mut und Unternehmensdrang, um alles in dich aufzusaugen.

Deine Tante Christa - die dir gerne aus den Büchern vorliest!

✉ Kommunion:

Liebe Sabrina,

heute stehst du im Mittelpunkt des Geschehens! Es ist dein Kommunionsfest, und ich freue mich, diesen Tag mit dir gemeinsam zu feiern.

Das heilige Sakrament der Kommunion bietet auch Gelegenheit, um über den Hintergrund der Zeremonie nachzudenken: Es ist dein Bekennen deines christlichen Glaubens in Wort und Tat. Zur Einstimmung darauf singen wir mit dir das **Lied vom Regenbogen**:

„Regenbogen buntes Licht, deine Farben sind das Leben:
Rot das Feuer; Glut und Flamme,
Wärme und Stärke fühle ich.
Orange die Sonne, Licht des Tages.
Wach sein und sehen möchte ich.
Gelb die Ähren auf dem Felde.
Reichtum und Fülle träume ich.
Grün die Pflanzen, grün die Bäume.
Wachsen und Werden spüre ich.
Blau das Wasser, blau der Himmel.
Tiefe und Weite suche ich.
Violett die große Ruhe:
still sein und schweigen möchte ich."

Der goldene Kreuzanhänger und die geweihte Kommunionskerze sind aus dem Kloster Maria Laach. Möge der „Liebe Gott" seine Hände schützend über dich halten und dir den richtigen Weg zeigen!

Tante Thekla

✉ **Firmung:**

Lieber Lukas,

durch das heilige Sakrament der Firmung nimmt dich die Kirche als vollberechtigtes Mitglied in ihre Gemeinde auf. Ich bin stolz, die Erfahrung der Segnung durch den Bischof mit dir zu teilen.

Zwar zählst du noch zu den „größeren Kleinen"; dennoch ist der heutige Tag ein erster Schritt in die Welt der Erwachsenen.

Die Firmung ist ein äußeres Symbol deiner Bereitschaft, Verantwortung für dich und andere zu übernehmen. Da aller Anfang oft schwer ist, helfe ich dir gern dabei!

Als Zeichen unserer Freundschaft schenke ich dir eine goldene Uhr; auch ich trage eine solche am Handgelenk. Der Zeitmesser sagt dir immer ganz genau, was die „Stund' g'schlagen hat".

HERZlichen Gruß von Onkel Ronald!

✉ **Konfirmation:**

Liebe Annette,

die Konfirmation ist ein würdiger Abschluss deiner religiösen Erziehung, die dir die Grundlagen des christlichen Glaubens, Lebens und Handelns vermittelte. Heute bejahst du öffentlich, danach zu leben.

Eine Zeremonie, die in dieser Form bereits seit dem 16. Jahrhundert üblich ist und nichts an Aktualität verloren hat.

Seit deinem sechsten Lebensjahr träumst du davon, einmal Tierärztin zu werden. Das Seidentuch mit den Katzenmotiven und die Goldmünzen sollen den ersten Baustein für dieses tolle Ziel bilden!

Ein herzliches Glück auf!

Tante Gina und Onkel Mark

✉ **Abitur:**

Liebe Lydia,

puh - jetzt hast du es endlich geschafft! Doch bevor du deine Schulbücher im Keller verkramst und dich in den verdienten Urlaub abseilst, erreichen dich meine herzlichen Glückwünsche und Gratulation zum besten Notendurchschnitt deiner Klasse!

Deine Entscheidung, das Medizinstudium anzupacken, bewundere ich sehr; verlangt diese Aufgabe ein immenses Fachwissen, einen hohen persönlichen Einsatz und psychologische Kenntnisse im Umgang mit den Patienten. Und nicht zuletzt eine Riesenportion Einfühlungsvermögen und die Weisheit, immer die richtigen Worte zu finden. Ich „ziehe symbolisch meinen Hut" vor dir!

Den Korb mit den exotischen Früchten verordne ich dir rezeptfrei als Vitaminspritze!

Lieben Gruß - deine Cousine Andrea

✉ **Autokauf:**

Liebe Diandra,

herzlichen Glückwunsch zu deinem ersten eigenen Auto! Ein flotter Flitzer - der geht ja mit seinen 50 PS ab wie eine Rakete. Und dann noch in diesem poppigen Lila! Eine Farbe, die gleich signalisiert, wie schwungvoll und unternehmungslustig die „Frau am Steuer" ist.

Wir wünschen dir bei allen Fahrten viel Freude, keinen Stau, gute Musik im Radio oder CD-Player – wie es heute so schön heißt - und seltene Besuche beim Kundendienst! Möge dein Wagen immer geräuschlos in die richtigen Gänge kommen und dort auch bleiben!

Der Benzingutschein soll deinen „Sporty" - wie du ihn nennst - für die ersten Etappen durch Stadt und Land „nähren".

Bon voyage!

Angelika und Andreas

✉ **Wohnungseinzug:**

Liebe Carola,

wie die Zeit vergeht! Vor drei Wochen hast du uns in den schillernsten Farben erzählt, wie du deine eigenen vier Wände möblierst. Und nun hast du schon die erste Nacht in der Christophstraße geschlafen!

Die „sturmfreie Bude" ist ein Riesenschritt in die Selbstständigkeit. Bei dir fällt er ja etwas kleiner aus, da die Tür zu deinem Elternhaus immer angelehnt bleibt. Dieser „doppelte Boden" erleichtert es dir, „Step by Step" auf eigenen Füßen zu stehen und dich langsam abzunabeln.

Als Single-Frau weiß ich aus Erfahrung, welch' gähnende Leere der Kühlschrank manchmal ausstrahlt - besonders dann, wenn der Hunger unangenehm ruft. Deshalb soll das „Futterpaket" dein Magenknurren in der ersten Woche stillen.

Herzlichen Gruß aus der Parkstraße!

Deine Freundin Nadja

Verlobung:

Liebe Anja, lieber Alexander,

ihr zählt zu den wenigen Menschen, die die Verlobung festlich einläuten! Dieser Brauch gilt auch heute noch als Eheversprechen. So symbolisieren die getauschten Ringe die zukünftige Verantwortung füreinander in guten und in schlechten Tagen.

Wir gratulieren euch zu diesem Entschluss und freuen uns bereits heute auf das baldige „Hochzeitsgeläut". Bis dahin macht es wie wir: zählt die heit'ren Stunden nur!

Möge euch die Heilige Agnes, die Patronin aller Verlobten, auf eurem Weg schützend begleiten.

HERZlich Christa und Günther

 Polterabend:

Liebe Susan, lieber Wolfi,

an eurem heutigen Polterabend könnt' ihr uns beweisen, ob ihr in der Ehe gut zusammenarbeitet! Denn nach dem Aberglauben sind nur die Brautleut' reif für eine Partnerschaft, die die Scherben gemeinsam und harmonisch aufkehren. Und nach uralter heidnischer Sitte soll das Scheppern des zerspringenden Porzellans die bösen Geister aus der neuen Behausung vertreiben. Also - strengt euch an und zeigt uns, was ihr könnt!
In Freundschaft Isolde und Tristan

Geldgeschenk zur Hochzeit:

Liebe Iris, lieber Peter,

mit Pauken und Trompeten fliegen euch unsere herzlichen Glück- und Segenswünsche zu!

In den letzten fünf Jahren konntet ihr eure Beziehung festigen und zeigen, welch' gutes „Ehe-Team" ihr seid! Das Wort „Partnerschaft" steht bei euch an oberster Stelle. Das ist eine prima Basis, um die großen Herausforderungen der nächsten Jahrzehnte gemeinsam zu meistern.

Für euren weiteren Lebensweg wünschen wir Harmonie und Zufriedenheit; gesellen sich dann noch die Begleiter Glück und Gesundheit dazu, kann bei dem Riesenprojekt „Ehe" nichts mehr schief laufen.

Die „pfundigen" Grüße der Queen sollen eure Hochzeitsreise nach England verschönern.

Eure Freunde aus Marbach

Christiane und Christian

Hochzeitsjubiläen

Eheschließung	Grüne Hochzeit
1 Jahr	Baumwollene oder Papierene Hochzeit
5	Hölzerne Hochzeit
6	Zinnerne Hochzeit
7	Kupferne Hochzeit
8	Blecherne Hochzeit
10	Rosen- oder Bronzene Hochzeit
12	Nickelhochzeit
15	Gläserne- oder Veilchenhochzeit
20	Porzellanhochzeit
25	Silberne Hochzeit
30	Perlenhochzeit
35	Leinwandhochzeit
37	Aluminiumhochzeit
40	Rubinhochzeit
45	Platinhochzeit
50	Goldene Hochzeit
60	Diamantene Hochzeit
65	Eiserne Hochzeit
67	Steinerne Hochzeit
70	Gnadenhochzeit
75	Kronjuwelenhochzeit

Geschenkvorschläge:

Geburt eines Kindes:
- Erstlingsausstattung
- Farbechte Kuscheltiere
- Kinderbett (Wiege)
- Kindgerechte Spielsachen
- Sparbuch
- Spieluhren

Taufe (Gaben von beständigem Wert):
- Fotoalbum und Bilder vom Festtag
- Gästebuch
- „Gebrauchtes" Schmuckstück
- „Geburtsbaum" im Garten pflanzen
- Silbernes Besteck
- Taufbecher aus Zinn oder Silber (evangelischer Brauch)
- Taufkerze oder Taufkreuz
- Tauftaler (dem Säugling in die Windel gesteckt - dann geht nie das Geld aus!)
- **Für die Mutter:** Blumen oder Schmuck

Einschulung:
- Abenteuer-/Märchenbuch
- Basteltag mit Tante, Onkel ...
- Cassette mit Ratschlägen zum sicheren Schulweg
- Einladung zum Essen: „Hamburger", „Spagetti"
- Erinnerungsbild beim Fotografen
- Konfetti-Party
- Schreibutensilien
- Schulranzen
- Selbstgebastelte Schultüte
- Sportausrüstung

Kommunion:
- Einladung ins Kino, Freizeitpark ...
- Fahrrad
- Festliche Kleidung
- Game-Boy
- Gebetsbuch
- Goldener Kreuzanhänger + Kette
- Kommunionskerze
- Torte

Firmung / Konfirmation:
- Computer
- Einladung zum Festessen
- Stereoanlage
- Schmuck (Uhr, Armband, Kette, Ohrringe)
- Schullandheim
- Beitrag für Mitgliedschaft im Sportverein ...

Schulabschluss:
- Erlebnistag im Freizeitpark, Disneyland ...
- Führerscheinstunden
- Geld für Erstausstattung „Berufskleidung"
- Gutschein für Studienbücher
- Abschiedsparty mit Klassenkameraden
- Urlaubsgutschein

Erstes Auto:
- Benzingutschein
- Christopherus-Plakette
- Erste-Hilfe-Kasten
- Fußmatten
- Inspektionskosten
- Kfz.-Steuer

- Stofftier als „Talis-Beifahrer"
- Straßenatlas
- Versicherungsbeitrag
- Warndreieck
- Winterreifen / Schneeketten

Erste Wohnung:
- Besteck
- Bezahlung der Strom-/Nebenkosten/Miete für ein Jahr
- Bilder
- Einweihungsparty
- Elektrogeräte
- „Futterpaket"
- Geschirr-, Handtücher, Bettwäsche, Vorhänge
- Getränke für 1 Monat / Jahr
- Gläser, Bowleservice, Vasen, Speise-/Kaffeeservice
- Handy
- Hilfe beim Umzug
- Internetanschluss
- Malerarbeiten
- Möbelgutschein
- Nützliches für die Küche: Töpfe, Pfannen, Kochlöffel, Rezeptbücher ...
- Topfpflanzen oder Blumengutschein

Hochzeit:
- **Alles für die Hochzeitsreise:** Fotoausrüstung; Flugtickets; Hotelzimmer; Koffer; Landeswährung; Landkarten; Leihwagen; Videokamera; Wörterbuch ...

- Bilder
- Blumenarrangement
- Fahrt mit dem Oldtimer
- Familienchronik
- Fotograf

- Glückspfennige
- Gutschein für Möbel / Porzellan
- Hochzeitszeitung
- Hochzeitstorte
- Jahresabo einer Zeitschrift
- Kleidergutschein
- Konzertkarten
- Lieder aus der „Kennenlern-Phase"
- Musikalische Unterhaltung
- Picknickkorb gefüllt mit Speis' und Trank', Wolldecke, Kerzen, Sonnenschirm
- Privatkoch für einen Tag

 Tipp: Niemals eine Wiege schenken!

Hochzeitsjubiläum:
- Holzkochlöffel
- Aluminiumtöpfe
- Petersilienstrauß
- Kupferpfennige
- Perlenkette ...

Musterbriefe Geburtstage

 Geburtstag:

Liebe Frau Hettig,

zu Ihrem diesjährigen Geburtstagsfest meinen herzlichen Glückwunsch!

Was Sie in den vergangenen zwölf Monaten geleistet haben, zeigt Ihnen der Blick zurück. Schwungvoll und mit Kraft bewegten Sie so Manches in die richtigen Bahnen.

Die Zukunft kann ich Ihnen leider nicht vorhersagen. Doch eines weiß ich mit Sicherheit: Sie werden Ihre Ideen mit Courage und Hartnäckigkeit zielstrebig realisieren! Dazu wünsche ich Ihnen viel Erfolg und das Quäntchen Glück der Tüchtigen!

Mein Buchgeschenk „*Vorsprung durch Sympathie*" von Christa Wichardt soll Ihren Sympathievorsprung noch verstärken!

Ihr Nachbar

Sebastian Fink

✉ 18. Geburtstag:

Liebe Fabricia,

in diesen Stunden feierst du das Fest der Volljährigkeit. Ich kann mich noch gut daran erinnern, welche Gefühle dieser Tag in mir auslöste: So war ich auf der einen Seite froh, endlich der elterlichen Fürsorge zu entfliehen. Doch fühlte ich mich auch andererseits mulmig, weil ich nun auf mich allein gestellt war.

Besonders begeistert mich, dass sich aus dem kleinen - immer nach seinem Schnuller schreienden - Baby eine junge attraktive Frau entpuppte, die ihren Weg genau kennt. Anfangs tapsten deine Beinchen noch unsicher – wie bei einem Vogel, der zum ersten Mal seine Flügel spannt - doch heute gehst du selbstbewusst den Sternen entgegen.

Ein Rat an dich sei mir gestattet – obwohl du schon genug gehört hast: Schlage nie die Hinweise deiner Familie ungeprüft „in den Wind". Denke in Ruhe über das Gesagte nach, denn die Erfahrung deiner Eltern wird dich vor so mancher Torheit bewahren! Und man(n) - in diesem Fall „Frau" - muss wirklich nicht alle Fehler wiederholen, nur um mitreden zu können.

Es umarmt dich Tante Josephine!

✉ **40. Geburtstag:**

Liebe Corinna,

heut' ist dein Tag!
Heut' ist dein Fest!

Wir gratulieren dir aus ganzem Herzen und sagen unsere Wünsche mit den Worten eines Philosophen:

„*Lebe so mit Vierzig,*
wie du mit Achtzig gerne gelebt hättest."

Du bist so jung wie du dich fühlst! Genieße daher jede Stunde – jeden Moment. Um es auf einen Nenner zu bringen: „Carpe diem" – Nütze den Tag!

Plane deshalb eine abenteuerliche Zukunft, bei der wir dir gerne freundschaftlich „unter die Arme greifen"! So Gott will – feiern wir dann gemeinsam unseren Achtzigsten.

Prosit!

Kathrin und Rüdiger aus der Berliner Straße!

50. Geburtstag:

Sehr geehrter, lieber Herr Martin,

ein halbes Jahrhundert mit Bravour zu meistern, ist immer mit Engagement und persönlichem Einsatz verbunden. Sie haben es erfolgreich geschafft und können mit Stolz auf 50 Jahre aktiven Wirkens zurückblicken.

In unsere heutige Gratulation knüpfen wir den Wunsch, dass Gesundheit und Glück Ihre treuen Wegbegleiter für die nächsten fünf Jahrzehnte bleiben. Mögen uns das Gebet frei nach *Bischof Johann Baptist Sproll* und die Jahrgangsflasche des erlesenen Trollingers in diesem Bestreben unterstützen.

Mit herzlichen Grüßen

Ihre *Ihr*

Helena Müller *Hartmut Müller*

[5] *Gebet zum 50. Geburtstag*
Andreas Martin am 01.01.1999

Herr, nun bin ich dankbar fünfzig,
und mein Leben ist vernünftig -
fromm und fleißig war's mit 30
und recht würzig schon mit 40.

Doch die ganze gute Zeit
ist noch weit entfernt von Ewigkeit.
Erst noch möcht' ich 60 werden,
eh' ich muss von dieser Erden.
Füg', oh Herr, dann 10 hinzu,
eh' du gibst die ew'ge Ruh.
10 zu 60 - d'raus ergibt sich
die viel schön're Zahl von 70.

Höher steht sodann mein Ziel:
nochmals 10 wär'n nicht zuviel!
Denn wer erst mal 70 - macht sich
schließlich Hoffnung auf die 80.
Herr, ich blieb doch nicht der Einzig',
der erreichte gar die 90?!
Letztlich wär' ich nicht verwundert,
brächt' ich's einmal auf 100!

Wenn ich endlich 100 bin,
nimm, oh Herr, mein Leben hin.
Lass mich tragen dann zu Grabe,
dass die ew'ge Ruh' ich habe.
Falls es dann dein Wille sei,
dass zwei Jährlein oder drei
länger noch gelebt sein sollen
Herr, ich würde dir nicht grollen.

---

[5] **frei nach: Bischof Johann Baptist Sproll**

✉ **60. Geburtstag:**

Sehr geehrter, lieber Herr Freundlich,

60 Jahre Frederic Freundlich - das sind 720 Monate aktive Lebensqualität! Sie haben mit Engagement und Schaffenskraft so viele Dinge positiv bewegt. Nun können Sie mit Stolz und Zufriedenheit an Ihrem heutigen Ehrentag auf das Geleistete zurückblicken!

Wir gratulieren Ihnen zum Anniversarium und nehmen diesen Tag zum Anlass, um Ihnen für eine harmonische und erfolgreiche Zusammenarbeit zu danken!

Unser flüssiges Präsent aus dem Fränkischen soll Sie an unsere letzte gemeinsame Weinprobe erinnern, die wir bestimmt bald wiederholen!

Mit den besten Glück- und Segenswünschen

Ihre
Gudrun Weber

70. Geburtstag:

Liebe Mutti,

der Herrgott erhalte dir den Schwung!
Damit du bleibst noch lang so jung!

Sollst leben noch viele Tag'
mit Gottes Hilf' und seiner Gnad!

Hab' Dank für all' deine Liebe und Fürsorge
und für manch' durchwachte Nacht!

HERZliche Gratulation zum Geburtstag
deine Tochter Christa!

80. Geburtstag:

Lieber Opapa,

zu deinem Geburtstag alles Gute!

Für uns bist du der liebste Großvater! Nicht nur einmal hast du uns aus der Patsche geholfen und bei unseren Eltern ein gutes Wort eingelegt, damit die Standpauke nicht gar so laut ausfiel.

Du bist es gewohnt, die „Ärmel hochzukrempeln" und kraftvoll zuzupacken. Nur so war dein Erfolg als Schreiner möglich. Jetzt genießt du ohne finanzielle Sorgen den Ruhestand. Doch von wegen „beide Hände in den Schoß legen" – das ist bei dir weit gefehlt!

Als Dank für deinen liebevollen Schutz laden wir dich zu einer Schiffsreise zu Dritt ein, denn: *„Eine Seefahrt, die ist lustig; eine Seefahrt, die ist schön!"*. So blicken wir auf Deck bei einem Glas Feuerwasser – oder auch zwei - in den Sternenhimmel und holen unsere Jugend zurück, indem wir gebannt deinem abenteuerlichen Seemannsgarn lauschen.

Wir umarmen dich
die Zwillinge Sascha und Sebastian!

✉ **90. Geburtstag:**

Lieber Herr Baumann,

in Ihrem Geburtsjahr erhielt Rudolf Eucken den Nobelpreis für *„sein ernsthaftes Suchen nach der Wahrheit, der durchdringenden Kraft der Gedanken, der Weite seines Blickfeldes, der Wärme und Eindringlichkeit seiner Darstellungen"* - so die Worte der Laudatio.

Als Sie im Januar 1909 zum ersten Mal Ihr Umfeld erforschten, sagte Ihnen der Name Rudolf Eucken noch nichts. Doch - wer Sie kennt, der entdeckt Ähnlichkeiten:

Auch Sie stellen die Frage nach dem Sinn des Lebens in den Mittelpunkt Ihres Handelns. Immer hinter die Dinge blickend, in einen größeren Zusammenhang stellend, geprägt von philosophischem Denken, faszinieren Sie in Ihren Vorträgen viele Zuhörer – zu denen auch ich gehöre. Seit langem bewundere ich Ihr Fachwissen und Ihren Erfahrungsschatz, der mir schon so manch' neue Sichtweise eröffnete.

Mein Geschenk, „Selbstbetrachtungen" von Marc Aurel, soll Sie zu noch tieferen Gedanken anregen.

Herzliche Gratulation!

Ihr

Konrad Staufer

✉ 100. Geburtstag:

Liebe Omama,

„Gesundheit ist nicht alles, aber ohne Gesundheit ist alles nichts!" - mit diesem Zitat von Schopenhauer gratuliere ich dir zu deinem Festtag.

10 x 10 Jahre - eine lange Zeit, in der du die größten Entwicklungen unseres Jahrhunderts hautnah und live erlebt hast. Das war sicher unwahrscheinlich aufregend! Ein wenig beneide ich dich sogar um dieses einmalige Abenteuer.

Liebe Omama, standhaft wie eine deutsche Eiche hast du dich all' den Stürmen des Lebens gestellt. Als Kind warst du **mein** *Fels in der Brandung. Und noch heute siehst du den Herausforderungen des Alltags mutig ins Gesicht.*

Neben harmonischen Tagen gab es auch Gewitterstunden. Doch Blitz und Donner schafften es nicht, deine optimistische Einstellung zu ändern. Ganz nach deinem Motto: „So schnell wie ein Unwetter kommt, so schnell glätten sich auch wieder die Wogen!" hing der schiefe Familiensegen bald wieder gerade.

Zu deinem Geburtstag pflanze ich dir eine junge Eiche in den Garten. Die alten Germanen sprachen den Baum heilig und verehrten ihn wegen seiner Stärke. Deshalb soll er dich symbolisch daran erinnern, welch' immense Kraft in dir steckt.

Ich weiß zwar: Du kannst Bäume versetzen – doch lass' es hier bitte!

In Liebe!
Deine Nichte Iris

Musterbriefe Namenstage

Die Römer weihten den Monat Januar dem doppelgesichtigen Gott „Janus", dessen eine Gesichtshälfte in die Zukunft schaut und die andere noch in der Vergangenheit weilt.

1. **Wilhelm**
2. Dietmar
3. Genoveva
4. Marius
5. Emilie
6. Kaspar, Melchior, Balthasar
7. Raimund
8. Severin
9. Adrian
10. Wilhelm
11. Paulin
12. Ernst
13. Gottfried
14. Felix
15. Konrad
16. Marcellus
17. Antonius
18. Priska
19. Agritius
20. Fabian, Sebastian
21. **Agnes**
22. Vinzenz
23. Heinrich
24. Franz
25. Wolfram
26. Timotheus und Titus
27. Angela
28. Thomas
29. Valerius
30. **Martina**
31. Johannes

✉ **01.01.:**

Lieber Wilhelm,

der 01. Januar öffnet das Tor zu zwölf unerforschten Monaten und läutet deinen Namenstag ein!

Janus - der doppelgesichtige römische Gott - sieht zurück auf Vergangenes und wagt gleichzeitig ein vorausschauendes Auge in die Zukunft.

Da uns der Blick in die Kristallkugel nichts verrät, senden wir dir symbolisch Raketen, die nach altem Brauch die bösen Geister verscheuchen! Dazu noch ein Hufeisen - damit viel Glück hineinfalle! - ein vierblättriges Kleeblatt, das nötige Kleingeld und bei Fortuna darf es dann auch etwas Mehr sein! So startest du bestens gewappnet in die nächsten 52 Wochen!

Herzliche Gratulation!

Deine Freunde Petra und Peter

✉ **21.01.:**

Liebe Agnes,

im Gedenken an die Heilige Agnes feierst du heute Namenstag. Wir gratulieren dir zu diesem Fest!

Die Schutzpatronin der Gärtner weist dir auf dem „Acker deines Lebens" den richtigen Weg. Freudig stellen wir fest: Deine bisherigen Anstrengungen tragen bereits große Früchte und bald ist Erntezeit!

Mit den Worten:

*„Agnes mit der starken Hand,
erntet Gutes auf ihrem Land.
Mach weiter so
und bleibe stets froh"*

grüßen wir dich in Freundschaft!

Yvonne und Marius

✉ **30.01.:**

Liebe Martina,

mit Tempo 100 rast du die Abfahrtsstrecke auf den Skiern herunter! Trotz der auf dem Schnee nicht immer einsehbaren Unebenheiten, findest du eine fahrbare Spur und schießt als Erste durch's Ziel! Kaum gelandet, machst du dich wieder an den Aufstieg, um die Piste noch einmal herunterzubrettern.

Wagemut, Ehrgeiz und Durchhaltevermögen - das sind die Charaktereigenschaften, die dich beschreiben. Du liebst das Risiko und steckst niemals den Kopf in den Sand. Mit diesen positiven Merkmalen meisterst du dein Leben. Möge dich das Glück der Mutigen stets begleiten!

Herzliche Gratulation zum Namenstag -
deine stolzen Eltern!

Der **Februar** fehlte im altrömischen Kalender. Erst nach der Einteilung des Jahres in zwölf Monate wurde er hinzugefügt.

1. Severus
2. Dietrich
3. Blasius
4. Veronika
5. Agatha
6. Paul
7. Richard
8. Hieronymus
9. Apollonia
10. Wilhelm
11. Theobert
12. Benedikt
13. Kastor
14. Valentin
15. Siegfried
16. Juliana
17. Bonosus
18. Bernadette
19. Julian
20. Falko
21. Petrus
22. Isabella
23. Otto
24. Matthias
25. Walburga
26. Alexander
27. Leander
28. Roman
29. Oswald

✉ **14.02.:**

Lieber Valentin,

zusammen mit deinem Schutzpatron feierst du heute Namenstag. Und damit du dich nicht zu einsam fühlst, gesellen sich alle Liebenden dazu. Wenn das kein gutes Omen ist!

Im dritten Jahrhundert nach Christus lebte Bischof Valentin in Rom. Er widersetzte sich den dortigen Bräuchen und gab jungen Paaren den kirchlichen Segen, obwohl er dafür mit schweren Strafen rechnen musste. Das ist auch der Grund, weshalb er heute noch so verehrt wird.

Auch du bist ein Mann, der neue Wege ausprobiert und sich nicht an Altbewährtem fest hält. Es ist eine Freude, dich zu beobachten und zu spüren, wieviel Energie noch in dir steckt.

Übrigens kommt Valentin aus dem Lateinischen und bedeutet „kräftig und gesund".

Lass' dich also nicht bremsen – gib GAS - denn nur so dreht sich deine Welt ständig weiter.

In Freundschaft Max

✉ **16.02.:**

Der lieben Juliana meinen HERZ-
lichen Glückwunsch zum Namenstag!

„Standhaftigkeit, Mut und Ausdauer für Wahrheit und Recht ist selten auf dieser Welt geworden; dagegen mehr Wankelmut und Furcht."

Diese Worte stehen in einem alten Buch, das die Charaktereigenschaften der Heiligen Juliana – deine Namenspatronin - beschreibt.

Bereits zur damaligen Zeit schätzten die Menschen starke Persönlichkeiten, in denen sie ihre Vorbilder fanden. Selten genug waren es Frauen!

Und noch heute sind Geradlinigkeit, Kontinuität und Stehvermögen wesentliche Faktoren für die Akzeptanz des Einzelnen.

Du, Juliana, hast diese Eigenschaften und es wäre wirklich schön, wenn es noch mehr von deiner „Sorte" gäbe.

Auf die Frauen!

Viktoria

✉ **18.02.:**

Liebe Bernadette,

am 18. Februar 1745 wurde Alessandro Volt geboren. Seinem Genie verdanken wir die Maßeinheit der elektrischen Spannung und die Erfindung des ersten Gerätes zur Stromerzeugung. Wir kennen es alle: die Batterie!

Du gehörst zu den Frauen, die ihr Umfeld mit der ihr eigenen „elektrischen Ladung" faszinieren. Dein Energievorrat ist enorm und motiviert dich immer zu noch höheren Leistungen.

Doch bei all' deiner Aktivität, vergiss' bitte nicht, den Stecker herauszuziehen, abzuschalten und die „Seele einfach mal baumeln zu lassen", um den Akku aufzuladen. Unsere Theaterkarten mögen dich dazu verführen.

Herzlichen Glückwunsch aus den
winterlich idyllischen Alpen!

Katinka und Christina

März - nach dem römischen Kriegsgott „Mars" benannt.

1. Albin
2. Agnes
3. Friedrich
4. Kasimir
5. Johannes
6. Fridolin
7. **Felicitas**
8. Johannes
9. Bruno
10. Gustav
11. Rosine
12. Engelhard
13. Paulina
14. **Mathilde**
15. Klemens
16. Heribert
17. Gertrud
18. Eduard
19. Josef
20. Wolfram
21. **Benedikt**
22. Herlinde und Reinhilde
23. Rebekka
24. Katharina
25. Jutta
26. Ludger
27. Frowin
28. Guntram
29. Ludolf
30. Diemut
31. Kornelia

✉ **07.03.:**

Bonheur, Fortune, Fortuna, Good luck ...

- all' das wünschen wir dir, liebe Felicitas, zu deinem Namenstag!

Mit diesen Glücksbringern im Gepäck kann ja nichts mehr schief gehen. So wirst du bald „alle Neune" ins Ziel kegeln und den Sieg in die Tasche stecken.

Wir grüßen dich aus dem sommerlichen Rheinland-Pfalz mit den Worten von Herodot - einem griechischen Geschichtsschreiber:

„Der Erfolg bietet sich denen, die kühn handeln; aber nicht denen, die alles abwägen und nichts wagen".

Da du zu den couragierten Frauen gehörst, wird dir alles mit Bravour gelingen!

Doris und Dieter

✉ **14.03.:**

Liebe Mathilde,

der Monat März, der seinen Namen dem römischen Kriegsgott Mars verdankt, bringt laue Lüfte in unsere Region. Mit dem fröhlichen Vogelgezwitscher, dem Erblühen der ersten Krokusse wird klar: Der Frühling ist da! Und deshalb singen wir dir ein Lied:

> *„Im Märzen der Bauer die Rösslein einspannt;*
> *er bringt seine Felder und Wiesen instand.*
>
> *Er ackert, er egget, er pflüget und sät*
> *und regt seine Hände von morgens bis spät."*

Der Strauß aus Tulpen, Narzissen und Hyazinthen schickt dir meine blumigen Glückwünsche zum Namenstag! Möge dir der würzige Duft in die Nase strömen und ein Stück Frühling bringen!

Herzliche Grüße deine Cousine Ornella

✉ **21.03.:**

Lieber Benedikt,

am 21. März Namenstag zu feiern, das ist etwas ganz Besonderes - denn heute ist „Tagundnachtgleiche" und somit Frühlingsanfang!

Der richtige Zeitpunkt also, um die „Rösslein einzuspannen" und zum nächsten Erlebnispark zu kutschieren. Und da der Lenz in die Fastenzeit fällt, haben wir für dich gleich „Vollpension" gebucht!

Der Picknickkorb ist gepackt. Jetzt steht unserem Unternehmensdrang nichts mehr im Weg! Satteln wir die Pferde, ziehen wir die Cowboy-Stiefel an und dann nichts wie ab in die Prärie!

Gratulation!
Svenia und Lars

Der Monat **April** ist abgeleitet vom Lateinischen „aperire", was frei übersetzt „öffnen des jungen Frühlings" bedeutet. Es beginnt also ein neuer Kreislauf der Natur.

1. **Hugo**
2. Franz
3. Irene
4. **Isidor**
5. Vinzenz
6. Wilhelm
7. **Johannes**
8. Walter
9. Waltraud
10. Engelbert
11. Matthäus
12. Herta
13. Martin
14. Lydia
15. Reinert
16. Bernadette
17. Stephan
18. Ursma
19. Leo
20. Oda
21. Konrad
22. Wolfhelm
23. Adalbert
24. Fidelis
25. Markus
26. Trudpert
27. Petrus
28. Pierre
29. Katharina
30. Pius

✉ **01.04.:**
Lieber Hugo,

mit Sicherheit wollen wir dich heute nicht „in den April schicken"! – Nein: Wir senden dir unsere herzlichen Glückwünsche zum Namenstag!

Gesundheit, Harmonie und Zufriedenheit – das sollen deine treuen Begleiter in den nächsten 12 Monaten sein.

Wir erheben unser Glas und trinken auf dich und unsere Freundschaft! Sara und Larissa

 04.04.:
Lieber Isidor,

mit den drei magischen „G's": **Glück, Gesundheit und Gleichmut** bist du gewappnet für neue Taten in den kommenden 52 Wochen.

Der heilige Isidor war Erzbischof von Sevilla und ging als Verfasser des gesamten antiken Zauberwesens in die Geschichte ein. Sicher hat er dir etwas von seiner geheimnisvollen Ader mit in die Wiege gelegt.

Auch wir wollen unseren Teil dazu beitragen, damit du noch viele Menschen anziehst. Sei also gespannt, was wir dir mit einem herzlichen „Abracadabra" aus dem Zylinder zaubern!
Sandra und Timo

✉ 07.04.:

Lieber Johannes,

hinter der Zahl Sieben verbirgt sich eine große Symbolik! So steht sie für alle Kulturen als geheimnisvolle Ziffer mit vielen unterschiedlichen Bedeutungen: Die Antike kannte sieben Weltwunder, Rom wurde auf sieben Hügeln erbaut und in Ägypten folgten den sieben fetten sieben magere Jahre.

So ist es der siebte Sinn, der dich - gleich dem Däumling - mit Sieben-Meilen-Stiefeln deinen Zielen entgegenstreben lässt. Zwar bist du kein „Tapferes Schneiderlein", das es gleich mit „Sieben auf einen Streich" aufnimmt. Doch wir wissen: Auch du bist ein risikobereiter Mann, der den Gefahren des Alltags mutig ins Antlitz blickt.

Um dich zu erinnern: Am siebten Tag der Woche ist Ruhepause! Deshalb laden wir dich zu einer Rudertour auf dem Neckar mit anschließender Brotzeit ein.

Winfried und Giglmann

Der Monat **Mai** ist vermutlich nach dem italienischen Gott „Maius" benannt, der als Beschützer des Wachstums verehrt wurde.

1. **Arnold**
2. Boris
3. Jakobus
4. Florian
5. Godehard (Gotthard)
6. Antonia
7. Gisela
8. Ulrike
9. Beatus
10. Bertram
11. Gangolf
12. **Pankratius (Drei Eisheiligen)**
13. **Servatius**
14. **Bonifatius**
15. Sophie
16. Johannes
17. Walter
18. Erich
19. Kuno
20. Bernhardin
21. Hermann
22. Rita
23. Wibrecht
24. Dagmar
25. Urban
26. Augustin
27. Philipp
28. Wilhelm
29. Irmtrud
30. Ferdinand
31. **Hiltrud**

✉ **01.05.:**

Lieber Arnold,

„alles Neu macht der Mai!" Er ist der Wonnemonat des Jahres – und du bist einer der Glücklichen, der ihn gleich mit dem Namenstag beginnt.

Nach französischem Brauch gratulieren wir dir mit einem Strauß Maiglöckchen, denn die Überlieferung sagt:

„Wer diese Blumen am ersten Mai
bei sich trägt,
der hat das ganze Jahr über Glück"!

In diesem Sinne ein
HERZliches Prosit auf dich!

Sarah und Stefan

✉ 12.05. – 14.05.:

*Zu deinem Namenstag gratulieren wir dir,
lieber Pankratius!*

Dein Fest packen wir gleich beim Schopf und danken dir für zehn Jahre „Musik im Trio". Es war eine erlebnisreiche Zeit, die wir auf so mancher Bühne miteinander verbrachten. Nicht immer war uns das Publikum wohlgesonnen; doch wir hatten viel Freude mit unserem „Hobby der Noten".

Nur durch deinen Mut und Standhaftigkeit sind wir heute als Band so erfolgreich und konnten jetzt unsere erste CD veröffentlichen.

Manch' harte Diskussion fochten wir aus. Doch wenn's d'rauf ankam, waren wir stets ein gutes Team – wie die drei Eisheiligen eben.

*Musikalische Grüße vom Duo
Servatius und Bonifatius:
„Happy birthday to you …!"*

✉ **31.05.:**

„Der Mai ist gekommen,
die Bäume schlagen aus,
da bleibe, wer Lust hat,
mit Sorgen zu Haus!"

Mit diesem Lied bist du sicher nicht gemeint, liebe Hiltrud, denn im „Wie-ge-schritt" tanzt du durch den „Won-ne-mo-nat"! Dabei strahlst du so viel Fröhlichkeit aus, dass selbst ein Miesmacher schmunzeln muss.

Step-by-step - und dennoch deine Pläne nie aus den Augen verlierend – erklimmst du auf dem rutschigen Parkett des Lebens die Erfolgsleiter. Auch nach einem Sturz rappelst du dich gleich wieder auf und startest einen zweiten Versuch. Sogar in diesen Situationen machst du eine gute Figur.

Unsere Plattensammlung mit vielen Cha-Cha-Melodien schenken wir dir gerne. Sie soll dir immer den richtigen Takt angeben.

Herzliche Grüße

Evelyn und Edwin

Der Monat **Juni** ist nach der römischen Göttin Juno benannt.

1. Justin
2. Armin
3. Karl
4. Klothilde
5. Bonifatius
6. Norbert
7. Robert
8. Helga
9. Gratia
10. **Diana**
11. Barnabas
12. Lea
13. Antonius
14. Hartwig
15. Vitus
16. Benno
17. Rainer
18. Elisabeth
19. Romuald
20. Silverius
21. **Aloysius**
22. Paulin
23. Edeltraud
24. **Johannes**
25. Eleonore
26. Paulus
27. Siebenschläfer
28. Ekkehard
29. Peter, Paul
30. Otto

✉ **10.06.:**

Liebe Diana,

als Göttin der Jagd ist es für dich ein Leichtes, länger als andere „auf der Pirsch" zu liegen und auf die große Chance zu warten. Ist es dann soweit, flitzt du treffsicher deinem Ziel entgegen, bis es Realität geworden ist.

Wie es sich für eine Jagdgöttin gehört, steckst du vorher instinktiv dein Revier ab und beschützt Familie, Freunde und Kameraden. Wehe, es wagt einer, deinen Lieben zu nahe zu treten - dann kann er schon mal die scharfen Krallen und das Fauchen einer temperamentvollen Frau spüren. Manchen „Bock hast du dabei schon geschossen" - doch es dauert nicht lange und du bist wieder ganz die „Alte".

Mit dem „Jagertee" gratuliere ich dir zum heutigen Namenstag und freue mich auf einen baldigen Ausflug mit dir in den Schwarzwald.

Waidmannsheil!

Hubertus

✉ **21.06.:**

Lieber Aloysius,

zögerlich bittet heute der Sommer um Einlass bei seinem Freund: dem Frühling. Unterstützt wird er dabei von der Sonne - dem Star am Himmel. Mit ihrer ganzen Kraft und Energie erweckt sie die Natur und entfacht ein Blütenmeer.

Auch du ziehst die Menschen mit Kraft in deine Umlaufbahn. Begeisternd von deinem Bann bewundern dich viele und sehen in dir ein Vorbild. Scheinbar schwerelos überspringst du so manche Hürde und landest dabei immer wieder auf beiden Beinen.

Um dich deinem Lieblingsplaneten ein Stück näher zu bringen, schenken wir dir einen Reisegutschein in den heißen Süden zu drei Wochen „Sonne pur!".

Mit unserem gemixten „Astro-Cocktail" gratulieren wir dir!

Samuel und Larissa

✉ **24.06.:**

Lieber Johannes

„Soll das Korn geraten fein, muss Johanni Regen sein."
Das ist eine alte Regel, die den Landwirten garantiert, reichlich Brot kommt auf den Tisch.

„Macht Johanni trocken und warm, den Bauern nicht arm." - Das ist der zweite Spruch und ein dritter folgt sogleich: *„Kommt vor Johanni kein Regen, so kommt er gewiss danach!"*

Alles alte Weisheiten, die eine ertragreiche Ernte versprechen. Und da du im Juni Namenstag hast, werden auch deine Früchte des Lebens prächtig gedeihen! Hilfestellung geben dir sicher die Johanniskäfer, die deinen Weg auch bei Dunkelheit hell erleuchten und dir alle Hindernisse zeigen.

Glück auf!

Sabrina

Der **Juli** wurde zu Ehren des Feldherren Gaius Julius Cäsar benannt, der als Sieger vieler Schlachten nach Rom zurückkehrte.
1. Theobald
2. Wiltrud
3. **Thomas**
4. Ulrich
5. Antonius Maria
6. Goar
7. Willibald
8. Kilian
9. Veronika
10. Erich, Olaf
11. Benedikt
12. Felix
13. Heinrich, Kunigunde
14. Kamillus
15. Bonaventura
16. Donata
17. Alexius
18. Arnulf
19. Bernold
20. **Margaretha**
21. Laurentius
22. Maria Magdalena
23. Brigitta
24. Christophorus
25. Jacobus
26. Joachim, Anna
27. Natalie
28. Benno
29. **Martha**
30. Ingeborg
31. Ignatius

✉ 03.07.:

Lieber Thomas,

wusstest du: Der Zahl Drei wird eine besondere Symbolik zugeschrieben? Sie begegnet uns immer wieder in der Mythologie, in Märchen und in Sprichwörtern:

So huldigten die Babylonier die drei hellsten Gestirne als ihre wichtigsten Herrscher und Wegweiser.

Und die alten Ägypter verehrten für jede Jahreszeit einen anderen Gott: Die Mondgöttin Isis regierte von November bis Februar, um die Aussaat zu überwachen; der Lichtgott Horus war zuständig für die Reife und Ernte der Saat und Osiris kontrollierte die Zeit der Fluten von Juli bis Oktober. Waren die drei Gottheiten ihren Untertanen gewogen, dann gab es eine gute Ernte.

Und zu guter Letzt beobachteten Zeus und Apollon mit ihrem dritten Auge auf der Stirn ihre ehrfürchtigen Gläubigen vom Himmel aus.

Da „Alle guten Dinge Drei sind" wünsche ich dir zu deinem heutigen Namenstag **Glück, Gesundheit und dass dein neues Buch ein Bestseller wird.**

Herzlich gratuliert dir Lisa!

✉ **20.07.:**

Wir gratulieren dir, liebe Margaretha, zum heutigen Festtag!

Passend dazu schenken wir dir ein weißes Margeritenbäumchen, das bis weit in den Herbst hinein den Sommer in deine Wohnung bringt.

Aus dem Lateinischen übersetzt, bedeutet dein Name „Perle" - und das bist du im wahrsten Wortsinn. Ein Schmuckstück von unverfälschter Reinheit und Ehrlichkeit. Ein Juwel - das normalerweise in ein Bankschließfach gehört.

Vielen Menschen hast du mit Rat und Tat erfolgreich „unter die Arme gegriffen" und dabei nie an deinen eigenen Vorteil gedacht. Auch wir haben schon oft deine Geduld auf die Probe gestellt und wurden niemals enttäuscht.

Symbolisch signalisieren wir deinen für uns unbezahlbaren Wert mit einer Kette aus Süßwasserperlen!

Wir freuen uns auf das Zusammensein mit dir und den anderen Gästen!

Anabell und Alfons

✉ 29.07.:

Liebe Martha,

dein Name bedeutet „Gebieterin des Hauses". Und wie ein schützendes Dach breitest du die Hände über deine Lieben aus. Das ist nur eine deiner positiven Eigenschaften.

Die Gastlichkeit gehört ebenfalls zu deinen Stärken, denn bei jedem Besuch gibst du uns das Gefühl: Wir zählen zu deinen Freunden. Nichts ist dir zuviel; und wir fühlen uns auch immer ziemlich wohl bei dir! Alle Gespräche im „Korntaler Weg 12" genießen wir – und das schon bereits seit mehr als 25 Jahren. „DANKE!"

„My home is my castle" - nach diesem Motto lebst und wirkst du in deinem Reich. Diese innere Einstellung unterstützen wir mit einem Blumengutschein. Schon heute sind wir neugierig darauf, welch' exotische Pflanze du aussuchst.

Herzliche Gratulation

Grit und Reinhold

Der Name **August** wurde zu Ehren Kaiser Augustus gewählt.

1. Alfons
2. Eusebius
3. Lydia
4. Johannes Maria
5. Oswald
6. Gilbert
7. Kajetan
8. Dominikus
9. Theresia
10. Laurentius
11. Klara
12. Radegunde
13. Wigbert
14. Maximilian
15. Assunta
16. Stephan
17. Hyazinth
18. **Helena**
19. Johannes
20. Bernhard
21. Pius
22. Regina
23. **Rosa**
24. **Bartholomäus**
25. Ludwig
26. Gregor
27. Monika
28. Augustinus
29. Sabina
30. Heribert
31. Paulinus

✉ **18.08.:**

Liebe Helena,

als Tochter des Göttervaters Zeus - dem höchsten Gott in der griechischen Sagenwelt - und der Leda wurde Helena geboren. In den Büchern wird sie als schönste Frau ihrer Epoche beschrieben, wo sie mit Anmut und Liebreiz allen Männern die „Köpfe verdrehte".

Sicher haben dich deine Eltern auf „Helena" taufen lassen, weil du bereits als Baby deiner Namenspatronin in vielen Dingen ähnlich warst: Als kluge Kleine war es dir ein Leichtes, mit einem gewinnenden Lächeln deine Familie „schachmatt" zu setzen. War der Ärger auch noch so groß - deinem Charme konnte niemand widerstehen.

Deine positive Ausstrahlung hast du dir bis heute erhalten. Es ist die sympathische Art, wie du auf andere zugehst, die dir verschlossen geglaubte Türen öffnet. In einer Zeit, in der Herzlichkeit immer mehr ins Hintertreffen gerät, bist du eine Bereicherung für dein Umfeld. Mach' weiter so!

Herzliche Gratulation zum heutigen Namenstag!

Andrea

✉ **23.08.:**

Liebe Rosa,

weißt du, woher dein Name kommt? Er ist aus dem Lateinischen entlehnt und bedeutet „Edelrose" - die Königin der Blumen, die in ihrer Vollendung alle anderen übertrifft.

Und auch die Farbenlehre assoziiert viele positive Eigenschaften mit dieser Couleur: So gehört der Ton zu den eher scheuen, romantischen, zarten Kolorierungen und weniger zu den schreienden.

Im alten China war Rot eine Glücksfarbe! Deshalb denke ich, in „Rosa" steckt auch ein Schuss Fortune. Davon wünsche ich dir eine Riesenportion, damit sich alle deine Wünsche in naher Zukunft erfüllen!

Herzlichen Glückwunsch zum Namenstag!

Valerie

✉ 24.08.:

Lieber Bartholomäus,

mutig und kraftvoll - so ging dein Namenspatron in die Geschichte ein. Synonyme dafür sind: abenteuerlich, beherzt, couragiert, dynamisch, furchtlos und stark - alles Eigenschaften, die auch dich sehr gut beschreiben. Packst du etwas an, werden beide Arme hochgekrempelt und sich furchtlos den Herausforderungen gestellt.

Der Spruch: *„Wissen, wo der Barthel den Most holt"* meint, jemand weiß sich zu helfen; ist schlau und sehr gewandt - Beweis genug für dein unerschrockenes Auf-dem-Weg-sein. Einen einmal gewählten Schritt gehst du unbeirrt weiter, bis das Ziel erreicht ist. Kein einziges Mal kommst du ins Straucheln oder lässt dich von anderen verunsichern.

Wen wundert es da, dass du in der Vergangenheit so erfolgreich warst? Wobei dies für dich kein materieller Gewinn bedeutet: Du hast frühzeitig gelernt, die wesentlichen Dinge von den weniger wichtigen zu unterscheiden.

Ich bin stolz auf dich und wünsche dir weiterhin die verdiente Anerkennung bei all' deinen Plänen!

Herzliche Gratulation!

Dein Freund Tobias

Der **September** ist aus dem Lateinischen „septem"
(sieben) nach dem römischen Kalender entlehnt.

1. Verena
2. Apollinaris
3. Gregor
4. Iris
5. Maria Theresia
6. Magnus
7. Otto
8. Hadrian
9. Petrus
10. Theodard
11. Maternus
12. Mirjam, Marion
13. Tobias
14. Conan
15. Dolores
16. Kornelius
17. Hildegard
18. Lambert
19. Januarius
20. Eustachius
21. Matthäus
22. Mauritius
23. Thekla
24. Rupert
25. Nikolaus
26. Kosmas, Damian
27. Vinzenz
28. Linus
29. Michael, Gabriel, Raphael
30. Hieronymus

✉ **04.09.:**

Liebe Iris,

in einem klar schimmernden Blau strahlen die Blütenblätter der gleichnamigen Blume um die Wette – und das ist nur eine ihrer vielen Farben.

In der Antike war Iris – die Göttin der Griechen - zuständig für den Ausgleich der Gegensätze und die Versöhnung. Ihre Verbindung zur Erde schuf der bunte Regenbogen.

Einzeln in der Vase stehend, gewinnt die Schwertlilie - wie sie auch genannt wird - an Attraktivität und zieht den Betrachter in ihren Bann. Ein paar Accessoires reichen völlig aus, um ihre hübsche Gestalt ins rechte Licht zu rücken, denn Natürlichkeit ist noch immer am Schönsten.

Liebe Iris, heute ist nun dein großer Tag, den wir gemeinsam mit dir feiern. Um dieses Fest passend einzurahmen, schenken wir dir einen Strauß mit „deinen" Blumen.

Herzliche Grüße

Jasmin und Jürgen

✉ **17.09.:**

Liebe Hildegard,

deine Namenspatronin, Hildegard von Bingen, verehren viele als die interessanteste Frau des Mittelalters. Begnadet durch ihre heilenden Hände und ihre Kenntnisse in der Naturwissenschaft wurde die Benediktiner-Äbtissin weit über die Grenzen dieses idyllischen Ortes direkt am Rhein hinaus bekannt.

Mit 42 Jahren bekam sie „Visionen über die Welt, Mensch und Gott" und diktierte über diese Themen viele Bücher in lateinischer Sprache. Ihr Wissen über die „Heilmittel der Mutter Erde" - vor allem ihre ganzheitliche Sicht des Menschen - erfreut sich auch heute noch an Aktualität, obwohl Hildegard die Schriften bereits vor 500 Jahren verfasste.

1940 wurde zum ersten Mal in ganz Deutschland das Hildegardisfest gefeiert. Als dein Geschenk lade ich dich, liebe Hildegard ein, mit mir auf den Spuren deiner heiligen Namenspatronin nach Bingen zu wandeln. Möge dich die Festschrift auf diesen Ausflug in die Vergangenheit einstimmen!

Herzlichen Glückwunsch!

Beatrice

✉ **23.09.:**

Guten Morgen, liebe Thekla, heut' gibt es zwei ganz besondere Ereignisse: Du feierst Namenstag und der Herbst klopft – zwar noch leise, dennoch hörbar - an die Tür!

Mit einem Lied aus unserer Kinderzeit gratuliere ich dir zu diesem Fest:

HERBST

„Bunt sind schon die Wälder,
gelb die Stoppelfelder,
rote Blätter fallen,
geheime Nebel wallen,
kühler weht der Wind.

Wie die volle Traube
aus dem Rebenlaube
purpurfarbig strahlt!
Im Gelände reifen Pfirsiche,
mit Streifen rot und weiß bemalt.

Flinke Träger springen
und die Mädchen singen,
alles jubelt froh!
Bunte Bänder schweben
zwischen hohen Reben
auf dem Hut von Stroh."

Lieselotte aus der Pfalz!

Der **Oktober** ist der achte Monat des Jahres - nach dem altrömischen Kalender gerechnet.

1. Theresia
2. Fest der Heiligen Schutzengel
3. Ewald
4. Franz
5. Meinolf
6. Bruno
7. Rosa
8. Sergius
9. **Günther**
10. Viktor
11. **Bruno**
12. Maximilian
13. Lubentius
14. Burkhard
15. Theresia
16. Hedwig
17. Ignatius
18. Lukas
19. Isaak
20. Wendelin
21. Ursula
22. Kordula
23. Johannes
24. Antonius
25. Krispin
26. Amandus
27. Wolfhard
28. Simon, Judas
29. Ferrutius
30. Liutbirg
31. **Wolfgang**

✉ **09.10.:**

Lieber Günther,

bei dir nehme ich besonders gerne die Feder zur Hand und gratuliere dir zum Ehrentag!

Im Oktober Namensjubiläum zu feiern, ist für jeden Weinkenner aufregend. So hat schon so mancher Herbststurm vor der Lese innerhalb einer Nacht einem guten Tropfen fast ein vorzeitiges Ende bereitet und den Winzer vor enttäuschende Tatsachen gestellt. Doch meistens wendet sich das Blatt noch zum Guten und jeder Jahrgang wird in seinem Bukett einzigartig.

Nach der Devise von Antonius Anthus, der Wein schmecke am besten, wenn man ihn in der Absicht trinke, er möge munden, lade ich dich zu einem oder auch zwei Viertele „Susser" ein - natürlich in Verbindung mit deinem geliebten Zwiebelkuchen.

In Vino veritas - zum Wohlsein!

Winni

✉ **11.10.:**

Lieber Bruno -

dein Vorname steht für Wissensdurst, Fleiß und Bildung - so beschreibt es ein altes Buch, welches das Leben vom „Heiligen Bruno" erzählt.

Eine Brise von den obigen Eigenschaften, etwas von deinem Talent, den richtigen Zeitpunkt abzuwarten, um dann zu agieren und zwei Esslöffel Glück, bringen dich immer auf die Überholspur des Lebens. Wenn andere bereits erschöpft die Flügel hängen lassen, dann bist du derjenige, der nach dem Motto: *„Jetzt will ich es erst recht wissen"* forsch zum Endspurt ansetzt und die Hindernisse in Weltrekordmanier aus dem Weg räumt. Dieses Durchhaltevermögen und der Kampfgeist zeichnen einen überragenden Menschen aus.

In gewohnter Art und Weise erledigst du deine Aufgaben, als gelte es einen Wettkampf zu gewinnen. Das olympische Gold ist die Belohnung für das harte Training eines Athleten. Als Ersatz für deine Medaille dient der silberne Pokal mit dem süffigen Inhalt aus Frankreich.

Prosit!

Edwin

✉ **31.10.:**

Lieber Wolfgang,

der „Wolf" ist das erste Element in deinem Vornamen. So verwandelten sich in der Antike verschiedene Götter in dieses Tier. Auch war der Vierbeiner der Freund von Athene und der Liebling des Kriegsgottes Zeus. In den Sagen der Germanen wird er mit den Beherrschern des Himmels dargestellt, die auf seinem Rücken durch das Sternenzelt reiten.

Das Wort „Gang" beschreibt „Aufstieg, Entwicklung, Fortschritt oder Wachstum" sehr treffend.

Werden beide Komponenten addiert, entsteht als Summe „Wolfgang" - ein Männername, der deine Charakterzüge beinhaltet. Warum - fragst du? Das beantworte ich dir gerne:

Schrittweise hast du deine Karriere geplant und die Erfolgskarten zukunftsorientiert gemischt. Heute bist du in deinem Fachgebiet eine gefragte und anerkannte Kapazität. Aus vielen flüchtigen Begegnungen sind Freundschaften gewachsen, die sicher niemals an Attraktivität verlieren werden. Und als ob das noch nicht genug wäre: Du bist jetzt zum Aufsichtsratsvorsitzenden der Länderbank gewählt worden. Herzliche Gratulation!

Auf die Gemeinschaft! Bodo

Der **November** hat seinen Namen ebenfalls aus dem Lateinischen „novem", was neun bedeutet.
1. Luitpold, Arthur
2. Angela
3. Rupert
4. Karl
5. Emmerich
6. Leonhard
7. Willibrand
8. Gottfried
9. Theodor
10. Leo
11. Martin
12. Josaphat
13. Stanislaus
14. Alberich
15. Albert
16. Margareta
17. Gertrud
18. Odo
19. Elisabeth
20. Bernward
21. Johannes
22. Cäcilia
23. Kolumban
24. Flora
25. Katharina
26. Konrad
27. Bilhildis
28. Gerhard
29. Friedrich
30. Andreas

✉ **11.11.:**

Lieber Martin,

der heilige Martin von Tours diente als römischer Soldat unter der Herrschaft von Kaiser Konstantin. Die Legende besagt, er habe einem halbnackten frierenden Bettler, der vor den Stadttoren Amiens lag, die Hälfte seines Umhangs geschenkt.

Alle, die von seiner lebensrettenden Tat hörten, wollten ihn ehren - doch der bescheidene Krieger versteckte sich im Gänsestall. Aufgeregt über den Eindringling schnatterten die Tiere wie wild um sich und entlarvten so den Flüchtigen.

Das war die Geschichte deines Namenspatrons, den seither die Katholiken als Schutzheiligen der Armen verehren. Und nach mehr als 1600 Jahren ist die Erinnerung an Martin von Tours bei Jung und Alt noch immer lebendig.

Um dich, lieber Martin, an deinem Ehrentag angemessen zu verwöhnen, lade ich dich zum festlichen Martinsgans-Essen in den „Goldenen Löwen" ein. Ausgestattet mit einer Martinsfackel finden wir auch bei Dunkelheit wieder nach Hause.

Dein Freund Heinz

✉ **25.11.:**

*Der lieben Katharina meinen
herzlichen Glückwunsch
zum heutigen Namenstag!*

Katharina die Große - eine Frau, die Russland in der Zarenzeit zur Weltmacht führte. Nur durch ihre Offenheit für Neues gelang es der Herrscherin, veralteten Konventionen „zu Leibe zu rücken". Die Menschen schätzten ihre Klugheit und ihren Sinn für den Fortschritt. Eine Strategin, die ihre Feinde erfolgreich besiegte und entgegen aller Unkenrufe ihren Thron langfristig sicherte.

Scharfer Verstand zeichnet auch dich, liebe Kathi, aus. Ganz nach dem Vorbild deiner Namenspatronin schöpfst du aus deinem reichen Erfahrungsschatz und verwertest dein Wissen effektiv. Dabei gehörst du zu den wenigen Menschen, die großen Worten auch Taten folgen lassen.

Du bist auf dem richtigen Weg!

Gratulation und mach weiter so!

Deine Schwester Susanne

✉ **30.11.:**

Lieber Andreas,

meinen herzlichen Glück- und Segenswunsch zum Namenstag. Mögen in den nächsten 365 Tagen all' deine Wünsche in Erfüllung gehen und dich die Freunde „Gesundheit und Glück" stets treu begleiten!

Der heilige Andreas wurde als Bruder von Petrus in Galiläa geboren und verdiente seinen Lebensunterhalt als Fischer. Als erstberufener Apostel verkündete er die Worte Gottes neben Petrus und Paulus.

Der Andreastag eröffnet die Zeit der Weissagungen: Kinder hängen abends ihre Strümpfe - ähnlich wie beim Nikolaus - an die Fenster. Sie hoffen, am nächsten Morgen süße Überraschungen darin zu entdecken. Und auch „zum Heben verborgener Schätze eignet sich diese Nacht" - so steht es zumindest geschrieben.

So schenken wir dir heute ein verschlossenes Kästchen, damit du das Ausgraben von Kostbarkeiten schon einmal üben kannst! Den Schlüssel haben wir vorsorglich dabei.

Deine Freunde

Gerlinde und Friedrich

Vom Lateinischen „decem" abgeleitet, entstand der Monatsname **Dezember.**

1. Natalie
2. Lucius
3. Franz Xaver
4. Barbara
5. Hartwich, Hartwig
6. **Nikolaus**
7. Ambrosius
8. Eucharius
9. Petrus
10. Angelina
11. Tassilo
12. Johanna
13. Luzia
14. Franziska
15. Christiane
16. **Adelheid**
17. Yolanda
18. Desideratus
19. Mengoz
20. Julius
21. Anastasius
22. Jutta
23. Johannes
24. Adam, Eva
25. Weihnachten
26. Stephan
27. Johannes
28. Hermann, Otto
29. Thomas
30. Lothar
31. Silvester

06.12.: Nikolaus

Lieber Marco
Ich bin traurig, wenn du sagst und nicht mehr glaubst:
„Es gibt doch keinen Nikolaus".

Was denkst du, -
woher kommen wohl die schönen Sachen,
die dir so viel Freude machen?
Von den lieben Anverwandten,
Mama, Opa, Oma, Tanten?

Glaub' mir - es ist oft nicht leicht, Wünsche zu erfüllen,
immer schöne Sachen als Geschenke zu verhüllen.
Es ist nun mal so auf dieser Welt,
wenig bekommst du ohne Geld.

Wenn die Idee der Liebe und des Schenkens da nicht wär',
blieb des Niklaus' Rucksack meistens leer.
So hab' ich in die Herzen tief vergraben:
Beschenkt euch lieb' mit guten Gaben!
Denn es ist ein schönes Zeichen, wenn man gibt
und zugleich ein Ausdruck, dass man liebt.

Auch zum Kinde in der Krippe kamen aus der Fremde,
Ehrerbietung und Geschenke.
So ist's bis heute bei uns Brauch
und dies wissen deine Eltern auch!

Ich komm' immer vor den Weihnachtstagen,
um bei deinen Lieben nachzufragen,
um Tradition und Vertrauen aufzufrischen,
dass Geschenke auf den Tischen
sind in allen Kinderaugen
auch Symbole für den Glauben.

Lieber Marco, wenn du's recht besiehst,
ist es so, dass du es liebst,
beschenkt zu werden,
so wie jetzt auf dieser Erden!
Und dass du in Zukunft fester darauf baust:
„Es gibt ihn doch - den Nikolaus!"

Jetzt will ich dir zum Schluss verraten:
Ein bisschen Nik'lausglauben kann nichts schaden,
auch wenn der Nik'laus woanders wohnt,
so hat sich der Glaube an mich doch gelohnt!

Ich seh' dich denken: *„Das leuchtet ein!"*
Drum lass' uns weiter gute Freunde sein!

Dein Nikolaus

✉ **16.12.:**

Liebe Adelheid,

in den Erzählungen wird die Heilige Adelheid als eine Frau geschildert, die zu ihren Landsleuten stets freundliche und herzliche Worte sprach; Kraft und Mut spendete, indem sie den Problemen der Hilfesuchenden lauschte und den Ärmsten unter den Mittellosen eine warme Mahlzeit gab.

Da auch du nach der Devise lebst:

> *„Der Mensch hat zwei Ohren,*
> *um besser zuhören zu können",*

bist du hier deiner Namenspatronin sehr ähnlich.

Als Tochter eines burgundischen Königs heiratete die Heilige Adelheid 951 Kaiser Otto I. In späteren Jahren gründete sie in Selz - in der Nähe von Straßburg - ein Benediktinerinnenkloster. Dort wollen wir deinen Festtag gebührend feiern.

Ich lade dich ein, mit mir einen Tag im Elsass zu verbringen und bei „Flammekueche und einer Flasche Elsässer Edelzwicker" auf unsere Freundschaft zu trinken.

Herzliche Gratulation!

Magdalena

Geschenk-Ideen für Geburts- und Namenstage:

- Ballonfahrt über den Geburtsort
- Blumen in den Lieblingsfarben des Geburtstagskindes
- Blumenstrauß vom „Kind" an die Mutter als Dankeschön
- Brötchendienst für vier Wochen
- Einkaufsservice für zwei Monate
- Jubilar durch Musikverein mit Pauken und Trompeten wecken lassen
- Gartenarbeiten übernehmen
- Geburtstagszeitung
- Musik-CD mit bevorzugten Liedern oder Evergreens aus dem Geburtsjahr (oder eine alte Schallplatte für den Sammler!)
- Nachdruck der regionalen Zeitung am Tag der Geburt
- Obstkorb mit Früchten der Saison
- Selbstgemachtes: Kuchen mit Kerzen; Marmelade
- Wein, Sekt, Champagner aus dem Geburtsjahr

 Tipp: Keine Küchen- oder Haushaltsgeräte schenken, wenn nicht ausdrücklich gewünscht!

Musterbriefe Sternkreiszeichen

Steinbock: 22.12.-20.01.

Liebe Andrea,

mit etwas Geschick, einer Portion Hartnäckigkeit und die realistische Einschätzung deiner Chancen bist du in deinem Leben „steinhart" stets einen Schritt nach dem anderen gegangen. Dein Fundament wuchs und nun stehst du mit sicheren Beinen auf dem Boden. Kein Tornado wird dich jetzt noch umwerfen!

Wir gratulieren dir zu deinem heutigen Geburtstagsfest. Es sind die Stunden der Steinböcke, die wir mit dir feiern wollen! Und da Steinböcke bekanntlich sehr alt werden, gibt es noch viele gemeinsame Feste.

Waltraud und Eberhard

Wassermann: 21.01.-20.02.

Hallo, lieber Sebastian,

der Februar bringt seine eigenen Kinder hervor: Es sind die Wassermänner, die unabhängig, entschlossen und humorvoll neue und alte Herausforderungen anpacken.

Viele schöpferische und visionäre Menschen sind in diesem Sternzeichen geboren: Mozart; Abraham Lincoln und auch Ronald Reagan, der vom Schauspieler zum amerikanischen Präsidenten die Karriereleiter erklomm – typisch Wassermann eben!

Gerade wegen deines Sinnes für Unabhängigkeit freuen wir uns ganz besonders, dass du heute mit uns feierst und nicht im fernen Australien die dortige Fauna und Flora bis ins Detail studierst.

Passend zur Jahreszeit schenken wir dir „a bottle Rum und Tee".

Auf dein Wohl!

Susanna und Patrick

Fische 21.02.-20.03.

*Herzlich gratulieren wir dir,
liebe Corinna,
zum Wiegenfest!*

Wie es sich für eine Fischfrau gehört, schwimmst du dich aus allen Fangnetzen frei und genießt das Leben. Nicht einmal Neptun, der Regent in deinem Sternzeichen, bringt dich aus der Ruh'!

Ein Glückskind bist du - denn bisher ließen sich deine Wünsche leicht realisieren. Doch bei all' deinem Erfolg hast du immer ein offenes Ohr für die Probleme deiner Freunde. Dafür danken wir dir sehr!

*Glück auf!
Antonie und Anton*

Widder 21.03.-20.04.

Pioniergeist, Durchsetzungsvermögen, Entscheidungskraft und Impulsivität - das sind die Eigenschaften des Widders, die dich, lieber Gerhard, am besten charakterisieren. Hinzu kommt ein gesunder Eigensinn, der dich auf deine Fähigkeiten vertrauend, zu persönlichen Höchstleistungen motiviert.

Nicht immer bist du ein leichter Partner; stets jedoch ein fairer. Wie viele Abende haben wir diskutiert, die Welt in Frage gestellt und neue Ideen zum Leben erweckt? Ich kann sie nicht mehr zählen; doch eines weiß ich mit Bestimmtheit: Es waren informative Stunden, die meinen Blickwinkel um einiges vergrößerten. Ich freue mich schon auf den nächsten Erfahrungsaustausch mit dir!

Es gratuliert dir Wernersche!

Stier: 21.04.-20.05.

Liebe Thekla,

was für Pläne du auch immer realisieren willst, du handelst nach dem bewährtem „Stier-Muster":

gründlich geplant - ist halb gewonnen!

Doch verlierst du dabei nie das Wohlergehen und die Sicherheit deiner Familie aus den Augen. Dieses Verantwortungsgefühl zeichnet dich als besondere Freundin aus!

Mit welchem Heißhunger du dich auf deftige Hausmannskost „stürzt", konnte ich beim letzten „Schlachtplatten-Essen" beobachten. Darum bitte ich dich: Genieße den Vesperkorb mit all' den Leckereien aus meiner Lieblingsmetzgerei!

Guten Appetit!
Petra

Zwilling: 21.05.-21.06.

Lieber Samuel,

Baron Münchhausen wäre bei deinen Romanen vor Neid erblasst, denn nur ein Zwilling erzählt witzige Geschichten mit zweifelhaftem Wahrheitsgehalt so glaubwürdig wie du.

Schon heute freuen wir uns auf die lauen Sommernächte, an denen wir den exotischen Märchen von euch „Beiden" lauschen dürfen - denn „gemeinsam" seid ihr unschlagbar!

Bei dir, lieber Samuel, sollen die Ideen nur so sprießen, um noch viele Menschen mit deinen Storys zu erfreuen. Unser Buchpräsent lädt dich zu neuen Abenteuerreisen vom Sofa aus nach Phantasien ein, von denen du mit spannenden Berichten im Gepäck gesund und munter heimkehren sollst.

Marie-Antoinette und Charly

Krebs: 22.06.-22.07.

Liebe Saskia,

die Krebsfrau fühlt sich nur im familiären Heim geborgen. Das konnten wir bei unserem letzten Besuch bewundernd feststellen: Du hast dein gemütliches Zuhause mit so viel Liebe und Kreativität gestaltet, dass wir nur schwer den „Absprung schafften".

Doch nach einer Phase des In-sich-Zurückziehens folgt auch eine Zeit der Kontakte mit anderen Menschen – nicht nur mit Gleichgesinnten. Nur so lassen sich neue Freunde gewinnen, die das Leben bereichern und die Welt aus einer anderen Perspektive zeigen!

Deshalb soll dich unser Reisegutschein für zwei Wochen aus deinen vier Wänden herauslocken und auf das Urlauberparadies „Salvanien" entführen.

Gute Reise!

Katharina und Karsten

Löwe: 23.07.-23.08.

Liebe Christiane,

im Zeichen des Löwen geborene Menschen sind Glückskinder - so steht es in den Sternen! Doch neben Fortuna ist es auch deine sympathische, großzügige Persönlichkeit und dein selbstsicheres Auftreten, die dir viele Türen öffnen. Mit diesen Eigenschaften gewinnst du das Vertrauen deiner Mitmenschen, welches du wie einen Schatz hütest und niemals missbrauchst.

Kraft für die täglich auf dich einstürzenden Anforderungen schöpfst du aus den wärmenden Strahlen der Sonne – deine Vitamine, wie du immer sagst.

So schenken wir dir einen Strandkorb, in dem du dich dann bei dreißig Grad im Schatten genießerisch in deinem Garten zwischen den vielen Blumenbeeten räkeln kannst.

Jolanda und Jürgen

Jungfrau: 24.08.-23.09.

Lieber Yorck,

sobald du einen Plan entwirfst, gehst du zielstrebig und mit wachem Verstand an seine Umsetzung - ganz in Jungfrau-Manier. Besonders zeichnet dich dabei aus, dass du nie auf Kosten anderer deinen Vorteil suchst. Korrektes Verhalten, Ehrlichkeit und Loyalität sind für dich Werte, bei denen es nichts zu rütteln gibt.

Es sind die drei Faktoren **Durchhaltevermögen, Organisationstalent und einen siebten Sinn für das Wesentliche**, die dich Wünsche erreichen lassen, wovon manch' anderer nur träumt! Von dir können sich viele ein Scheibchen abschneiden!

Herzlichen Glückwunsch!

Deine Freunde aus der Königsallee
Sigrun und Sigfried

Waage: 24.09.-23.10.

*Herzlichen Glückwunsch, liebe Brigitta,
zu deinem Ehrentag!*

Wer im Sternzeichen Waage geboren ist, wird eine erfolgreiche Kauffrau – das sagt die Astrologie! Bei dir behielt die Prophezeiung recht: Mir ist es nämlich stets ein Rätsel, wie es dir gelingt, am Ende des Monats noch so viel Geld übrig zu haben - doch das hast du mir eben voraus.

Was mir besonders an dir gefällt, ist dein Streben nach Harmonie und Gerechtigkeit. Nicht mit dem Kopf durch die Wand, sondern auf diplomatischem Wege erreichst du deine Ziele. Als hilfreicher Partner hat sich hier deine ausgleichende Persönlichkeit erwiesen, die dir den Umgang mit Menschen erleichtert.

Heute stehst du im Mittelpunkt des Geschehens. Genieße diese Stunden im Kreise deiner Familie und Freunde.

Herzlichen Gruß aus dem Badischen

Michaela!

Skorpion: 24.10.-22.11.

Lieber Günther,

die Beschreibungen der Sternzeichen stellen den Skorpion als leidenschaftlich dar. In der Tat, vehement und temperamentvoll haben wir schon so manchen Disput ausgefochten und nie das Gefühl der Langeweile dabei empfunden. Bei einem Viertele Rotwein – manchmal leerten wir auch eine Flasche, bis es klappte - fanden wir stets einen für beide Parteien akzeptablen Kompromiss. Manches Brummen im Kopf erinnerte mich am nächsten Morgen noch an die vergangenen Stunden.

Als dein Freund lernte ich viel von dir: Wie erholend es sein kann, dem Meer zu lauschen und einfach die Seele baumeln zu lassen, um den Moment zu genießen und nicht mit der Hatz nach materiellen Dingen zu zerstören. Alles Erfahrungen, die meinen Blick für das Wesentliche im Leben schärften.

Als Dank für deine Anregungen und die Weisheiten schenke ich dir einen Reiseführer. Möge das Werk deine ständig wachsende Regalwand bereichern.

Herzliche Gratulation! Lorenz

Schütze: 23.11.-21.12.

Guten Morgen, liebe Sabrina,

was auch immer passiert, dich wirft so schnell nichts aus der Bahn. Als geborene Optimistin hast du das Geschick, auch in den weniger erfreulichen Ereignissen des Alltags etwas Positives zu finden. Du nennst es „Erfahrungen sammeln", die dir dann in der Summe helfen, deine Wünsche zielsicher und selbstbewusst zu verwirklichen.

Damit du auch ins Schwarze triffst, hast du in dem Monat das „Licht der Welt erblickt", wo die Schützen regieren. Das hast du sehr schlau angepackt!

Dir, liebe Sabrina, sende ich aus Ludwigsburg meinen herzlichen Glückwunsch zum heutigen Namenstag. Möge der Urlaubsgutschein deinen „Jagddurst" nach fremden Länder dieser Erde für zwei Wochen stillen.

Glück auf!
Tante Laura

Geschenkepool

Monatssteine:
- Januar: Topas
- Februar: Chrysopras
- März: Hyazinth
- April: Amethyst
- Mai: Jaspis
- Juni: Saphir
- Juli: Smaragd
- August: Chalcedon
- September: Carneol
- Oktober: Sardonyx
- November: Chrysolith
- Dezember: Aquamarin

Krawatte / Seidentuch mit Sternzeichen

Portrait vom Geburtstagskind als Puzzle

Musterbriefe Berufliche Glückwünsche

 Berufsstart:

Liebe Gloria,

dein Ausbildungsvertrag war der Startschuss für einen neuen aufregenden Lebensabschnitt. Ich gratuliere dir dazu und wünsche dir das Quäntchen Glück, das du für den Erfolg neben deinem Fachwissen benötigst.

Gerade im Bankwesen ist ein gutes äußeres Erscheinungsbild die Basis, um Vertrauen und Sympathie beim Kunden zu wecken. Eine gepflegte Kleidung ist ein Baustein dafür.

Deshalb meine Bitte: Löse den Einkaufsgutschein bei unserem nächsten Stadtbummel bei mir ein. Dann suchen wir ein tolles Büro-Outfit für dich aus! Ich freue mich schon darauf!

Deine Schwester Sabine

✉ **Beförderung:**

Zu Ihrer Beförderung, liebe Frau Kaspar, meinen herzlichen Glückwunsch!

Sie schlagen nun einen neuen beruflichen Weg ein, bei dem es manche Hürde zu überwinden gilt. Doch Sie als Löwin werden das mit der Ihnen eigenen Kraft und Ausdauer couragiert bewältigen. Und denken Sie daran:

> *„Es ist noch keine Meisterin vom Himmel gefallen!".*

Als Kollegin werde ich Sie und Ihr ausgleichendes Wesen vermissen. Dennoch hoffe ich, wir treffen uns bald bei einer gemütlichen Tasse Kaffee zu einem Plausch.

Möge Sie das Seidentuch mit Ihrem Sternzeichen an Ihre Stärken erinnern und motivierend wirken!

Ihre

Sabine Nordstern

✉ **Dienstjubiläum:**

Liebe Frau Sanders,

zu Ihrem Dienstjubiläum spreche ich Ihnen meine Gratulation aus! Es ist ein denkwürdiger Tag für Sie – aber auch für das Unternehmen.

In 25 Jahren aktiven Schaffens gelang es Ihnen, für die Firma wichtige Dinge in eine positive Richtung zu bewegen und erfolgreich abzuschließen.

Als „Stift" – wie es damals so schön hieß – stellte ich Sie ein. Ihren Werdegang beobachtend, war ich immer ein wenig stolz darauf, mit Ihnen einen so guten Fang gemacht zu haben. Heute fungieren Sie als Vorbild für den „Nachwuchs".

Mit einer Führungskraft, die Fachkompetenz mit Charme verknüpft, kann das nächste Vierteljahrhundert nur Positives bringen!

Mit herzlichen Grüßen

Katrin Kramer

✉ **Ruhestand:**

Lieber Herr Bremer,

mit Sicherheit werden Sie auf Ihrem weiteren Weg nicht nur Feiertage, Zeiten der Entspannung und des Relaxens genießen wollen - warum? Weil Sie ein „Hans-Dampf-in-allen-Gassen" sind! Wer so engagiert sein Arbeitspensum schafft, der wird auch im Ruhestand nicht rasten.

Schade, dass Sie nun dem Unternehmen nicht mehr als aktiver Mitarbeiter zur Seite stehen. Doch wir hoffen, Sie oft als Besucher bei Ihrem „alten" Arbeitgeber zu sehen!

Möge Ihnen der Herrgott Ihre geistige und körperliche Flexibilität bis ins hohe Pensionsalter erhalten.

Unsere Golfausrüstung soll Sie motivieren, auch Zeit und Muße für die gesunden Abwechslungen an der frischen Luft zu finden!

Mit herzlichem Gruß

Fröhlich GmbH

Ihr

Oliver Kunter

✉ Geschäftseröffnung:

Sehr geehrter Herr Weber,

herzlichen Glückwunsch zu Ihrem neuen Trainingszentrum – es ist beeindruckend!

Wie wichtig es ist, in den Bereichen Kommunikation und Verhaltensformen mit Seminaren Aufbauarbeit zu leisten, zeigen uns Gespräche mit Mitarbeitern und Kunden.

Zwar ist der Weg in die Selbstständigkeit stets mit einem hohen Risiko verbunden; doch bei Ihrem Fachwissen und Ihrer Erfahrung sind wir überzeugt: Der verdiente Erfolg wird sich bald einstellen!

Die in Ihren Firmenfarben gestaltete Seidenkrawatte soll Sie bei Ihrem Start in die neue berufliche Zukunft unterstützen!

Auf eine weitere gute Zusammenarbeit!

Ihr

Konrad Sommer

✉ **Firmengedenktag:**

Sehr geehrter Herr Fuchs,

mit Stolz können Sie auf 125 Jahre Firmengeschichte zurückblicken:

Ihr Großvater legte damals das Fundament für den heutigen Firmensitz. Ihr Vater eröffnete mehrere Zweigniederlassungen, bevor er Ihnen die Geschäftsführung übertrug. Und Sie schufen ein Unternehmen, das überregional für hervorragende Leistung und guten Service steht. Mit Ihrem Ideenreichtum und Fachwissen sorgen Sie nunmehr seit einem Vierteljahrhundert dafür, dass sich die Marktanteile der Fuchs KG kontinuierlich erhöhen.

Doch heute soll nicht nur ein Tag der Vergangenheit sein, sondern auch die Stunde der Zukunft - denn bald tritt Ihr ältester Sohn in Ihre Fußstapfen. Was kann sich ein Familienunternehmen mehr wünschen, als die Fortsetzung der Tradition?

Wir danken Ihnen für die jahrelange gute Zusammenarbeit und senden unsere besten Glückwünsche. Möge der Blumenstrauß in Ihren Firmenfarben den festlichen Anlass unterstreichen!

Mit freundlichen Grüßen

Löwe GmbH

Ihre   *Ihr*

Sabrina Löwe   *Eberhard Löwe*

✉ **Einweihung:**

Sehr geehrter, lieber Herr Tüchtig,

der Glückskäfer trommelt es laut und fröhlich ein! Heute ist Ihr großer Tag! Sie eröffnen Ihre „alte" Filiale mit neuem „Outfit"!

Möge Ihnen, sehr geehrter Herr Tüchtig, der Erfolg so reichlich beschert sein, wie dem Weizen: aus einer einzigen Ähre wachsen 120 bis 130 Körner. Im übertragenen Sinne wünschen wir das auch Ihnen: Ein zufriedener Kunde gibt die ausgezeichnete Dienstleistung Ihres Unternehmens weiter und bringt dadurch viele neue Interessenten!

Auf Ihrem weiteren Berufsweg möge Sie der Strauß Sonnenblumen begleiten und Ihnen dann besonders viel Wärme spenden, wenn der Wind mal wieder kalt „um die Ohren weht"!

Mit freundlichem Gruß

Ihr

Klaus-Peter Frank

Musterbriefe Überraschung

Geben benötigt nicht immer einen traditionellen Anlass. Auch ein „normaler" Tag bietet genügend Möglichkeiten, sein Umfeld zu erstaunen. Gerade Geschenke zu einem unerwarteten Zeitpunkt bleiben lange in bester Erinnerung.

Chancen für Überraschungen gibt es reichlich: das Wiedersehen nach längerer Abwesenheit; der Abschied vor der Ferienfahrt; der Umzug in eine andere Stadt; ein Besuch bei Freunden, Bekannten, Verwandten oder einfach das Bedürfnis, für eine Unterstützung zu danken.

Tipp: Ob Ballettabend, Kinopremiere, Rock- oder Popkonzert, Sportveranstaltung oder Theateraufführung - Eintrittskarten sind immer willkommen. Der Glückliche sollte sie nur rechtzeitig erhalten, um den Termin mit anderen Verabredungen abstimmen zu können.

✉ **Karten zur Karnevalssitzung:**

Lieber Michael,

heute geht dein größter Wunsch in Erfüllung! Bei der nächsten Karnevalssitzung in Mainz sitzt du „in der ersten Reihe".

Die närrischen Tage läuten die Eintrittskarten ein. Nun benötigst du noch ein jeckes Kostüm - doch bei deiner Phantasie findest du schon bald etwas Ausgefallenes. Ich freue mich, dich dann im neuen Fasnet-Dress fröhlich zu bestaunen!

Möge dich die beigefügte Büttenrede von Günther Wichardt

„Das Glück - wie ein Narr es sieht!"

bereits heute auf die lustige Zeit einstimmen!

HELAU!!!!!

Stefan

„Das Glück – wie ein Narr es sieht!"

Trotz mancher Bedenken will ich es wagen,
ein ernstes Thema vorzutragen
und habe mir die Frage gestellt:
Was nennt man Glück auf dieser Welt?

Uns allen kam es schon entgegen,
doch niemals ließ es sich bewegen
zu Gast zu sein auf lange Sicht.

Das Glück - wie Glas es schnell zerbricht.
Und wenn du glaubst, du hast es schon,
dann läuft es eilends dir davon!

Was ist nun Glück auf dieser Welt?
Du glaubst nicht, es sei das Geld?
Dann wär's nur den Reichen vorbehalten,
ihr Leben glücklich zu gestalten.
Doch hört', Ihr lieben närr'schen Leut'
dem ist nicht so – das ging zu weit!

Sind die denn glücklich, die so strahlen
und mit der Gunst des Königs prahlen,
die dann die Huld der Massen fühlen
und teuflisch mit der Liebe spielen,
die um den Kranz der Ehre laufen
auch ihre Seele mitverkaufen?

Jaa - solchen Glückes Überfluss
endet oft mit Lebensüberdruss.

Ist's Glück, ein Auto zu besitzen,
im Urlaub in Hawaii zu schwitzen?
Vielleicht 'ne dicke Zigarr' rauchen?
Beim Essen sich den Leib verstauchen?

Ist's Glück im Meer zu baden,
zu hüten sich vor Sonnenschaden,
zu jeder Attraktion zu gehen,
jedes Denkmal zu besehen,
so dass man dann zum guten Schluss
vom Urlaub sich erholen muss?

Ist's Glück, wenn ein berühmter Mann
nur kugelsicher fahren kann
und eine Frau beständig glaubt,
dass man ihr die Juwelen raubt!?

Ist's Glück, 'ne reiche Frau zu frein,
um dann ein Pantoffelheld zu sein?

Mein lieber Narr, du hast es gut,
bist sicher unterm Narrenhut,
bist glücklich ohne Gold und Nerz,
brauchst nur ein fröhlich Narrenherz!

Oder soll dich das beglücken,
mit fremden Federn dich zu schmücken?
Ist's Glück im Rampenlicht zu steh'n
und sich die Augen zu verdreh'n?
Mein lieber Freund, dies Glück ist Schein!
Soo - kannst du niemals glücklich sein!

Ist's ein Glück, begehrt zu sein?
Wann ist der Ärmste denn allein,
wenn ein Reporter Tag und Nacht
mit Argusaugen ihn bewacht?

Keep-smiling immer für die Welt
nicht so zu lachen - wie's mir gefällt!
Der ärmste Narr ist besser dran,
der Narr ist stets ein freier Mann!

Doch nun wird's Zeit, euch zu bekennen,
wen sollen wir denn glücklich nennen?
Wo wohnt denn nun das große Glück?

Oh schaut nicht vorwärts - nicht zurück!
sucht es nicht dort und auch nicht hier:
Das Glück wohnt ganz allein in dir!
Es wurde dir ins Herz gelegt
und wird's von dir dort wohl gepflegt,
dann wird es immer bei dir sein
und wird dich Tag und Nacht erfreu'n.

Und trägst du bei zu andrer Glück
dann kehrt es doppelt zu dir zurück
und wird sich doppelt auch entfalten:
Das Glück wird glücklich dich erhalten!

Und hast du's nun, dann kannst du lachen,
kannst singen, scherzen, Possen machen!
Wie einst der Hofnarr kannst du äffen -
mit Vorsicht wählen - sicher treffen -
nicht barsch und grob die Wahrheit sagen
und nicht Beleidigungen wagen.

Dann kannst du stets zufrieden sein
und Freude zieht ins Herz dir ein.

Zufriedenheit bringt Glück und Segen!
Das Glück – es steht an vielen Wegen,
manchmal verborgen – unerkannt
und nimmt dich leise bei der Hand.

Daa - bist zu niemals angeführt,
wenn dich das Glück soo zart berührt
und heimlich dich im Arme hält,
du meinst - es g'höre dir die Welt!

Ob du nun jung bist - oder alt -
ob wen'ger hübsch - ob schöngestalt -
ob arm du bist oder auch reich,
nur der ist glücklich, der zugleich
auch fröhlich ist und lachen kann,
und das geht doch uns alle an!

So nimm aus dieser Sitzung mit
ein kleines Stückchen echtes Glück
und niemals mehr wirst du's vermissen,
du musst es nur zu halten wissen!

Helau!

(Günther Wichardt)

✉ **Karten zum Fußballspiel:**

Lieber Karl-Heinz,

„**Fußball ist unser Leben**" - das ist unser Motto seit der Schulzeit.

Oh, wie gerne wolltest du live das Endspiel **Deutschland : Italien** sehen; doch leider gab es keine Karten mehr - denn ich habe dir die letzten zwei „vor der Nase weggeschnappt"!

Nun will ich dich nicht länger auf die Folter spannen: Sei mein Gast und herzlich eingeladen, mit mir am Samstag ins Stadion zu gehen. Es werden bestimmt spannende 90 Minuten - mit Verlängerung oder Elfmeterschießen sogar mehr!

Liebe Grüße

Klaus-Dieter – der gleiche Fußballfan wie du!

✉ **Einladung zum Essen:**

Liebe Sabrina, lieber Sven,

eine große Portion Arbeitseifer, geistige Aktivität gemischt mit Traditionsbewusstsein, Intelligenz und Scharfsinn - das sind die Charaktereigenschaften, die einen Schwaben auszeichnen - und ihr seid bereits ein ganzes Paar dieser klugen Zeitgenossen!

Mit wenig Zutaten viel zu erreichen – das ist eure Kunst! Als Grundrezept dienen euch alltägliche Bestandteile wie:

„*Den Blick über den eig'nen Herd hinauswagen*", „*Viele Köche verderben den Brei*" und „*Was du heute kannst besorgen, das verschiebe nicht auf morgen*".

Diese Komponenten würzt ihr noch mit Schwung, Fairness und Wagemut, so dass jedes eurer Projekte gelingt.

Als Teilhaberin unseres gemeinsamen Unternehmens konnte ich stets an euren Erfolgen „teil haben". Dafür sage ich „DANKE"!

Meine Anerkennung für eure Leistung verbinde ich mit einer Einladung zum Essen, wo ich euch bei Sauerbraten, handgeschabten Spätzle und einer Flasche Lemberger verwöhnen werde.

Ich freue mich auf das gemütliche Zusammensein mit euch!

Severin

Einzug in die „Ludwig-van-Beethoven-Straße":

Liebe Ursula,

nun bist du also in deine adrette Zwei-Zimmer-Wohnung eingezogen. Dein neues Reich hast du sehr geschmackvoll ausgestattet und mit viel Liebe zum Detail dekoriert. Schnuck'lig, wie alles farblich aufeinander abgestimmt ist: die passenden Handtücher zu den Badezimmerfliesen; die schwarz-weißen Blumenübertöpfe entsprechend der Einrichtung und die idealen Vorhänge zu den Tapeten. Es ist wirklich sehr gemütlich bei dir!

Dein neues Domizil liegt in der „Ludwig-van-Beethoven-Straße 12". Du kennst sicher den Namenspatron?!

Im Dezember 1770 erblickte der junge Musiker in Bonn das Licht dieser Welt. Schon als Knabe war er scheu und beschäftigte sich lieber „mit schönen, tiefen Gedanken" als mit seinen Kameraden zu spielen. Mit elf Jahren gab er seine ersten Klavierkonzerte - darunter auch eigene Kompositionen. In seiner größten Schaffensperiode war Beethoven völlig taub. Dennoch schrieb er Sinfonien, Violin- und Klavierkonzerte und auch seine einzige Oper Fidelio – Musikstücke, die uns heute noch verzaubern. Was für ein Genie!

Das Buchgeschenk „Leben und Werke von Ludwig van Beethoven" möge dich als geistige Nahrung auf unseren gemeinsamen Konzertbesuch einstimmen!

Carmen

Musterbriefe Weihnachten und Ostern

 Tipp: Für viele kommt Weihnachten immer sehr plötzlich! Daher rechtzeitig nachdenken, wer Weihnachtsgrüße erhält, denn auch sie sind als Geschenk zu **wert**en. Nur muss der Absender sie als solche verstehen und behandeln.

✉ Frohe Weihnachten 1999!

Das letzte Weihnachtsfest vor der Wende ins nächste Jahrtausend unserer Erde! **„Willkommen!"** - rufen wir zu, bring' uns Glück, Gesundheit und Frieden!

Ihnen, lieber Herr Winter, senden wir die besten Wünsche und herzliche Grüße für ein gesegnetes Weihnachten und ein gesundes, glückliches „Neues Jahrtausend"!

Wir wissen's nicht, was es uns bringt, das neue Jahr,
was uns bestimmt, was unser Geschick –
so wie immer – ein wenig Stress, ein Quäntchen Glück?
Nur nicht Ärger, Hass und Zänkerei –
lieber was, dass uns froh und mutig macht dabei!

Dass unser Herrgott alles lenkt, wenn wir auf ihn bauen
auch gnadenvoll beschenkt im Gottvertrauen –
das ist unser Glauben und unser Hoffen!
Hält er segnend die Hand weit offen!

Dass er uns nicht zuletzt erst mög' geben:
ein wenig mehr bewusst'res Erdenleben!
Dafür sei mein Dank und auch mein Tun,
weil auch die Wünsche in ihm ruh'n.

So will ich herzlich „Danke" sagen –
in diesen bewegten Weihnachtstagen:
„Ich danke dir, Herr Jesus Christ,
* dass du für uns Mensch geworden bist!"*

Liebe Verena,
lieber Volker,

seit dem 17. Jahrhundert ist der Hase für die Zustellung der bunt gefärbten Ostereier zuständig.

Das an Ostern verzehrte Ei spendet Lebenskraft und soll vor „Blitz und Feuer" schützen. Es ist das Sinnbild des Lebens und deutet auf die Wiederkehr des Naturkreislaufes hin.

Mit einem Gedicht frei nach Kurt Tucholsky wünschen wir euch ein Frohes Osterfest!

„Ei, ei, ei!
Drei Eier in einerer Reih'
legen die fleißigen Hasen
wohl auf dem grünen Rasen!"

Rita und Rüdiger

Neutrale Geschenke:

Getränke:
- Aperitif
- Champagner
- Cognac
- Digestiv
- Regionales: Apfelwein, Malz- oder Weizenbier
- Saftgetränke
- Tee
- Wein (Limitierte Edition eines Jahrgangs, Eiswein)

Literatur:
- Abonnement für eine Zeitschrift
- Atlas
- Autobiographie
- Belletristik: Krimis, Science-fiction, Abenteuerbücher
- Bildband
- Buch: „Das richtige Geschenk zum falschen Anlass!?"
- Fachliteratur
- Gedichte
- Restaurant-/Hotelführer

Lebensmittel:
- Exotische Früchte, Gewürze
- Gourmet-Teller
- Köstlichkeiten aus Italien, Frankreich, Spanien ...
- Regionale Schmankerl (Weißwürste, Bethmännchen, Maultaschen ...)
- Saisonale Spezialitäten (Lebkuchen-Paket, Osterkuchen, Springerle ...)

Karten für ...
- Ballett
- Kino
- Kunstgalerie
- Maskenball
- Musical
- Rock-/Popkonzert
- Theaterabonnement
- Sportveranstaltung

Verschiedenes:
- „Ex libris"-Karten mit Namensdruck
- Antiquarische Urkunden / Aktien / Dokumente
- Bastelausrüstung
- Blumen in den Firmen-/Lieblingsfarben, Blumenzwiebel, Glücksklee
- Briefbogen und passende Umschläge
- Büroartikel
- Gedenkmünze
- Gutscheine
- Krawattennadel
- Kunsthandwerk"liches"
- Lottoschein mit Gewinn
- Porzellan - auch von der Manufaktur: Figuren, Sammeltassen, Schalen, Vasen, Wandteller ...
- Seidenkrawatte und -socken „Ton in Ton"
- Seidentücher mit diversen Motiven (Beruf, Hobby, Sternzeichen, Lieblingstier ...)
- Seminar: Umgangsformen, Korrespondenztraining
- Sonderbriefmarken für Sammler
- Telefonkarten
- Visitenkarten
- Zeitschriften (z. B. Tag der Unternehmensgründung, Geburtsjahr)

Die drei Phasen der Geschenkübergabe!

Endlich ist es soweit! Nach den ganzen Vorbereitungen gelangt das Geschenk an seinen Bestimmungsort. Im Gepäck des Gebenden befindet sich neben dem Lampenfieber auch die Vorfreude auf das erstaunte Gesicht des zu Überraschenden:

Der Schenkende überreicht sein Präsent

Unüberlegt ausgesprochene Floskeln schmälern den immateriellen Wert der Gabe. Der Satz: *„Ich habe Ihnen eine **Kleinigkeit** mitgebracht"*, unterstreicht nicht die Souveränität des Gebers. Das Wort „klein" verniedlicht das Gemeinte und soll Bescheidenheit ausdrücken. Meist wird damit die persönliche Unsicherheit überspielt, weil Zweifel darüber bestehen, ob auch das *Richtige* gefunden wurde.

Wer sich im Vorfelde engagiert, um den anderen zu erfreuen, der sollte seinen Einsatz nicht so schmälern. Außerdem gibt es keinen allgemein gültigen Maßstab für „Kleinigkeit". Weder Größe noch der Preis bestimmen den **Wert** eines Geschenkes.

Peinlich wird es, wenn die Kleinigkeit ein **kleiner Diamantring** ist.

„Ich hoffe, ich habe Ihren Geschmack getroffen" - ist eine weitere Floskel. Wer wird jetzt sagen, es gefällt ihm nicht? Und wer es dennoch wagt, könnte vom Partner sprachloses Unverständnis und Kopfschütteln ernten.

„Ich habe einen ganz besonders teuren Wein für Sie ausgesucht." Das ist selbstverständlich und muss nicht noch hervorgehoben werden! Wer solche Sprüche klopft, sollte sich vergewissern, das Preisschild vorher entfernt zu haben!

„Ich musste große Strapazen auf mich nehmen, um die Konzertkarten für Sie zu besorgen." Wer sich nicht bemühen will, sollte nichts schenken!

Der Situation entsprechend finden sich treffendere Aussagen, um das Präsent selbstbewusst und natürlich zu überreichen. Warum nicht einfach die Gefühlsebene ansprechen?

Besser:
- „Über Ihre Einladung freue ich mich sehr. Herzlichen Dank."

- „Ich wünsche Ihnen/dir viel Spaß/Freude bei der Lektüre/ bei der Musik."

- „Für eine ruhige Abendstunde habe ich Ihnen/dir diese Flasche Trollinger/Riesling/Rosé mitgebracht."

- „Der kulinarische Gruß aus Italien/Spanien/Griechenland soll dich/Sie an den letzten Sommerurlaub erinnern."

oder einfach:
- „Danke für die Einladung." und dann das Geschenk mit einem Lächeln überreichen.

Der Beschenkte nimmt das Präsent in Empfang

Nachdem der Empfänger die Gabe langsam aus ihrer Umhüllung befreit hat, spricht er einige Worte des Dankes und der weiteren Verwendung. Erst dann stellt er das gute Stück an den dafür vorgesehenen Aufbewahrungsort zurück.

Der Dank für eine Aufmerksamkeit sollte nicht ge**dank**enlos geäußert werden, da er sonst leicht das Gegenteil erreicht: Er wirkt geringschätzend und ab**wert**end:

Schlechte Beispiele:
- „Das ist doch viel zu viel!"
- „Das ist ja wie Ostern und Weihnachten zugleich!"
- „Das kann ich nie wieder gutmachen!"
- „Das wäre doch nicht nötig gewesen!"

- „Du musst ja Geld haben!"
- „Habe ich etwa meinen Geburtstag verpasst?"
- „Heute ist doch nicht Weihnachten!"
- „Ich freue mich trotzdem!"

- „Kommt der Nikolaus jetzt schon im Sommer?"
- „Na, da habt ihr euch aber in Unkosten gestürzt!"
- „Nett!"
- „Was das wieder gekostet hat?"

- „Wie habe ich das verdient?"
- „Wie kann ich mich da revanchieren?"
- „Wie komme ich zu der Ehre?"
- „Wie mache ich das je wieder gut?"

Besser:
- „Ihr Präsentkorb ist eine prima Idee! Daraus 'ernte' ich jetzt meine Vitamine - solange der Vorrat reicht. Vielen Dank dafür."
- „Über das Marzipan freue ich mich sehr und werde es bei einer Tasse Kaffee/Tee genießen."
- „Vielen Dank für das dekorative Bild. Ich hänge es im Wohnzimmer über dem Sofa auf."
- „Die dunkelblaue Vase ist ja umwerfend. Ich stelle sie auf meinen Sekretär, damit ich mich täglich an ihr erfreue. - Danke."

 Tipps:
- Bitte nicht: „Ich stelle die Vase in den Keller zu den anderen!"
- Zum guten Ton gehört: Den mündlichen Dank später schriftlich zu wiederholen!
- Nach dem Motto: „Was du nicht willst, das man dir tut, das füg' auch keinem and'ren zu": Geschenke niemals weiter verschenken!

Der Gebende weist den Dank verbal zurück!

Auch hier kann eine nachlässige Sprache sehr verletzen und zum Bruch der Beziehung führen.

Schlechte Beispiele:
- „Ach, das ist doch nur eine Kleinigkeit."
- „Ach, das war im Sonderangebot - echt billig!"

- „Das habe ich im Vorbeigehen gekauft!"
- „Keine Ursache!"

- „Nicht der Rede wert."
- „Nichts zu danken."

- „Wofür denn danken, das war doch selbstverständlich!"
- „Das hat mich nicht ärmer gemacht!"

Besser:
- „Das habe ich gerne getan."
- „Ich hatte viel Freude beim Aussuchen!"
- „Ich freue mich, wenn es Ihnen / dir gefällt."

oder einfach:
- „bitte"

Zusammenfassung:

Floskeln und unbedachte Äußerungen schmälern den ideellen Wert einer Gabe!

Daher ist es sinnvoll, solche Sprachnachlässigkeiten abzubauen und durch ein sympathisches Vokabular zu ersetzen.

Wann ist der richtige Zeitpunkt, die Gabe zu enthüllen?

Früher galt die Neugier nach dem Inhalt der Präsente als deplatziert. Deshalb wartete der Beschenkte mit mehr oder weniger großer Spannung darauf, dass seine Gäste endlich nach Hause gingen, um dann schnell seine Geschenke auszupacken.

Heute wendet sich diese Denkart in eine neue Richtung: Der Schenkende soll an der Freude und dem Überraschungseffekt teil haben. Das gemeinsame Erlebnis verbindet die Partner, da erfahrungsgemäß der Gebende gerne die Reaktion auf das von ihm Gewählte sehen möchte und - was noch wichtiger ist - ob das Mitgebrachte auch akzeptiert wird.

Es ist der Wunsch nach Anerkennung, die - wird sie erfüllt - eine positive Reaktion hervorruft. Der Gast freut sich, weil er das *„Richtige Geschenk zum richtigen Anlass"* gefunden hat. Aus diesem Grund sollte der Empfänger immer großen **Wert** darauf legen, ein Gefühl der Bestätigung beim Schenkenden zu wecken. Wird dies versäumt, kann gleichgültiges Verhalten leicht zu Aggression, Enttäuschung, Frust bis zum Abbruch des Kon**takt**es führen. Alles negative Emotionen, die der zukünftigen Beziehung eher schaden als nützen. Deshalb ist ein **takt**volles Miteinander wichtig!

Wie kann der Beschenkte loben?

Durch seine gewählten Worte des Dankes; durch den behutsamen Umgang mit dem Geschenk und durch seine Körpersprache bei der Entgegennahme der Gabe. Über diese Signale verrät der Beschenkte, wie er das Präsent be**wert**et - wobei nicht der Preis bestimmt, wie kostbar ein Andenken für den Einzelnen ist.

Deshalb enthüllt der Empfänger immer zuerst das Präsent und legt es dann zur Seite; Blumen arrangiert er sofort in der geeigneten Vase und nicht im Putzeimer! Der sorgfältige Umgang mit dem Mitgebrachten hat absolute Priorität. Wer die Tragweite dieser Handlungsweise nicht erkennt und akzeptiert, der denke an seine Empfindungen, wenn sein prachtvoll gesteckter Strauß lieblos in der Badewanne landet und dort den Rest der Party verbringt.

Auch sollte bei einem „unerwünschten" Präsent aus lauter Enttäuschung „das Gesicht nicht zu Boden fallen" - wie es im Italienischen so schön heißt. Allein das Motiv des Schenkenden, Frohsinn zu bereiten, ist für den Empfänger Anlass genug, sich zu bedanken und zu freuen. Mit dieser inneren Einstellung hat das nichts mit „Falschheit" zu tun.

Tipps:
- Bei Blumengeschenken sollte die Vase in Form, Farbe und Größe mit dem Strauß harmonieren!

- Als Gefäß eignen sich auch Krüge, Schalen, Tassen, Gießkannen - einfach alles, was dekorativ wirkt.

Klingeln gleichzeitig oder kurz hintereinander mehrere Gäste, dann ist es gestattet, die Dekoration der Geschenke zu einem späteren Zeitpunkt nachzuholen. In erster Linie ist die Betreuung der Gäste wichtig, um ihnen ein Gefühl des „Gut-Aufgehobenseins" zu vermitteln.

Tipps:
- Das ausgepackte Geschenk unbedingt allen Gästen zeigen. So fühlt sich niemand ausgeschlossen. Auch steigt die Spannung bei den Beobachtern, da jeder auf die Reaktionen der anderen wartet, wenn sein Präsent an die Reihe kommt.

- **Takt**los ist es, das Geschenkpapier aufzureißen und zusammen mit der Dekoration zerknüllt in den Mülleimer zu werfen!

- Auch Flaschen, deren flüssiger Inhalt bereits bekannt ist, werden ausgepackt!

Im beruflichen Umfeld wird es vom Zeitaufwand oft schwer werden, die Zeremonie des Auspackens – quasi als Live-Show - zu gestalten. Bei einer Familienfeier ist diese Vorgehensweise jedoch ein Gebot des warmherzigen Umgangs miteinander.

Ob das Präsent nun sofort oder erst später geöffnet wird - immer gehört zu einem Fest ein dekorativer Gabentisch; am besten in der Nähe des Eingangs, wo ihn jeder sofort als solchen erkennt. Hier deponieren die Gäste das mitgebrachte Andenken. Dabei darf die Stellfläche nicht zu knapp bemessen sein, denn aufeinander gestapelte Behälter, Boxen, Kisten, Blumensträuße oder Briefe entsprechen nicht einer **wert**schätzenden Einstellung gegenüber dem Schenkenden und seiner Gabe.

Ferner muss sich der Besucher auch ängstigen, dass etwa sein Porzellangeschenk aus Platzmangel auf dem Fußboden in tausend Scherben zerspringt. Es fördert bestimmt nicht die festliche Stimmung, wenn die Gäste abrupt von ihren Plätzen hochfahren, zum Gabentisch stürmen, um ihr Präsent vor dem „Ver-Fall" zu retten.

Delikat wird es, wenn die Eingeladenen keine Möglichkeit haben, ihre Geschenke abzulegen. Dann stehen sie mit ihrem „Verpackten" in der Hand herum und hoffen, es kommt einer, der es ihnen abnimmt. Wer kann jetzt entspannt den Begrüßungs-Drink genießen oder sich auf die Laudatio konzentrieren? Hörbar wird dieser Unmut dann in Sätzen wie: *„Musstest du auch gleich das Geschenk mit ins Lokal nehmen? Warum hast du es nicht im Auto gelassen?"*. Streit und schlechte Stimmung ist vorprogrammiert und wäre doch so leicht durch eine entsprechend gut organisierte Feier vermeidbar gewesen.

Völlig Entmutigte starten dann am nächsten Tag einen zweiten, dritten oder sogar vierten Versuch, um ihr Präsent endlich „unter die Leut' zu bringen".

Diese Handlungsweise signalisiert das Desinteresse des Gastgebers. Ein kränkendes Verhalten, das verständlicherweise beim Geladenen den Wunsch weckt, das sorgfältig ausgewählte Teil zu behalten.

Übersehen wird dabei etwas ganz Wesentliches: Erst ein mit bunten Blumen und Erinnerungsstücken dekorierter Tisch bildet den Rahmen für eine festliche Gala.

 Tipps:
- Ein Familienangehöriger sollte bei vielen Gästen unbedingt die Präsente auf dem Gabentisch dekorativ platzieren!
- Das Öffnen der Geschenke ist ein festliches Ritual und sorgt nebenbei noch für eine lockere Atmosphäre und ein Gefühl der Zusammengehörigkeit!
- Nicht den Fehler machen, beim nächsten Wiedersehen mit einem kostspieligeren Geschenk den anderen übertrumpfen zu wollen. Ideen sind gefragt; nicht teure Gaben!

Sag es durch und mit Blumen!

Was wäre eine Verlobung, Hochzeit, Taufe, ein Geburtstag, der Einzug in das neue Haus, die bestandene Prüfung, ein Jubiläum oder die Verabschiedung in den Ruhestand ohne Fresien, Gladiolen, Lilien, Orchideen, Rosen ... - ohne die vielfarbige Blütenpracht? Ein trauriges Ereignis. Und fehlte nicht dem Schauspieler bei der Premiere ein ganz wesentlicher Teil der Anerkennung, wenn der Intendant keinen Blumenstrauß überreicht?

Es sind die duftenden Blüten, die blau, lila, orange, rot, rosa oder weiß schimmernd den Betrachter durch ihre Schönheit entzücken. Blumen sind gerade dazu prädestiniert, die Feierlichkeit einer Veranstaltung zu unterstreichen.

 Tipp: Auch ein Mann freut sich über ein Blumenbukett!

Wann ist der richtige Moment, Blumen als Gastgeschenk zu überreichen?

Wer will, schickt den Strauß **einen Tag vor** dem Fest an den Empfänger. Der Beschenkte kann dann in Ruhe die Blüten in einer Vase entsprechend der Blumenfarbe und Form dekorieren.

Der Gastgeber achtet auf alle Fälle darauf, die Sträuße gleich**wert**ig im Raum zu arrangieren, denn niemand soll in der „Hierarchie" übergangen werden. Und genau das würde passieren, wenn ein Gebinde als Mittelpunkt das Wohnzimmer ziert und ein anderes den Abstellraum hinter den Obstdosen.

Für den Besucher hat diese Voraussicht mehrere Vorteile:

Das Blumenwasser befeuchtet nicht die Hände; er muss nicht unruhig warten, bis das Bouquet abgenommen wird, und die Frage: *„Werden die Blumen mit oder ohne Papier überreicht?"*, löst sich diplomatisch von allein.

Tipps:
- Die vom „Versandhaus" an den Strauß gesteckte Karte enthält den Grußabsender sowie den Dank für die Einladung und die Terminbestätigung!

- Schön ist es, den Glückwunschbrief vorher an den Auftragsdienst zu schicken. Von dort wird dann das Original mit dem Bukett dem Jubilar überreicht!

Die Blumen können auch einige Tage **nach dem Fest** zugestellt werden. Dann enthält der handschriftliche Brief neben den Dankesworten auch ein Kompliment für die gelungene Veranstaltung. Wer so handelt, schenkt dem Gastgeber dann frische Blumen, wenn die alten bereits am Verwelken sind.

Am **Tag der Einladung** den Strauß mitzubringen, ist die dritte und wohl am häufigsten gewählte Möglichkeit. Dann sollte der Schenkende auch Verständnis dafür aufbringen, wenn im Trubel nicht sofort die nach seiner Meinung nach adäquate Vase oder Stellfläche gefunden wird.

Tipps:
- Bei Ehepaaren erhält die Gastgeberin den vor der Haustüre aus dem Normalpapier gewickelten Strauß. Blumen in Folien können so verschenkt werden - doch der umweltbewusst Denkende entscheidet sich für die erste Variante!

- Topfpflanzen eignen sich nur dann als Geschenk, wenn sie ausdrücklich auf der Wunschliste stehen!

- Die Etikette-Regel, Blumensträuße sollten immer in gerader Zahl verschenkt werden, ist veraltet. Doch Vorsicht: Für abergläubische Menschen bringt die Zahl Dreizehn oft Unglück!

Neben Schnittblumen empfehlen sich aparte Gestecke oder Arrangements in Schalen. Eine exotische Einzelblüte - wie die Amaryllis oder Strelitzie - erzielt oft eine größere Wirkung als ein riesiger Strauß.

Einem Referenten als Dank für den gelungenen Vortrag ein Bouquet zu schenken, ist nur dann sinnvoll, wenn die Heimreise nicht per „Pedes", Bahn oder Flugzeug erfolgt. Der Transport zusätzlich zur Aktentasche oder Koffer wäre mehr als umständlich.

Lasst Blumen sprechen!

Der Brauch, seine Gefühle über Blumen mitzuteilen, gelangte aus dem Orient nach Deutschland. Durch die im 15. Jahrhundert auferlegte Beschränkung im Umgang mit Frauen fanden die Verehrer ein Hilfsmittel: Sie ordneten jeder Blume eine bestimmte Aussage zu. Das ist und war natürlich nur dann effektiv, wenn Sender und Empfänger die Botschaften verständlich ver- und entschlüsseln konnten. Was bedeutet, sie mussten über einen gemeinsamen Wortschatz verfügen, denn sonst nützt die schönste Information nichts.

Einige dieser Regeln sind heute noch aktuell. So kommt niemand auf die Idee, einen Rednerpult mit Veilchen zu verzieren - eine Pflanze, die Hoffnung ausdrückt. Sicher wäre es dann angebracht, wenn der Referent sein Publikum mit Fachwörtern „erschlägt"; bestünde somit wenigstens eine Chance, dass der Vortragende die Symbolik begreift und zu seinen Zuhörern verständlicher redet.

Die Worte „etwas durch die Blume sagen" bedeuten, Dinge verschleiert anzusprechen. Dieser „Vorhang" soll nun etwas gelüftet werden:

Über Form, Farbe und Duft vermittelt die Blume ihre Botschaft

Blütenform
So symbolisiert die Tulpe tiefe Freundschaft, da sie mit ihren robusten Blättern jede Gefahr vom empfindlichen Stiel abwendet.

Die schwertförmige Gladiole, die exotische Orchidee oder die „gut gebaute" Lilie faszinieren durch eine extravagante Gestalt. Doch auch die Flamingoblume mit ihren herzförmigen Blüten muss sich nicht verstecken. Und mit berauschender Schönheit be**eindruck**t die Amaryllis in voller Blüte den Betrachter ganz besonders.

Verletzbar und lieblich zeigt sich die zarte Anemone, die jeder noch so kleine Windhauch schüttelt.

Tipps:
- Geheimnisvoll erscheinen geschlossene Pflanzen; großzügig dagegen geöffnete!

- Generell gelten kleine Blüten als bescheiden; größere als exotisch, aristokratisch.

- Blumen sollten immer in der Vase „wohnen", die ihre Form unterstreicht. Nelken sehen in einer Bodenvase ziemlich hilflos aus.

- Über das Blumengebinde hinaus auch gleich die passende Vase dazu schenken, ist eine prima Idee!

Farben üben eine Anziehungskraft ganz besonderer Art auf die Menschen aus. Sie lenken unbewusst - aber dennoch wirkungsvoll - unser Denken, Fühlen und dementsprechend auch unser Handeln. Diese Reaktionen werden durch subjektive Erfahrungen gesteuert und von kulturellen **Wert**vorstellungen geprägt. So hat jede Blumencouleur ihre eigene Definition, die je nach Nation variieren kann.

Weiß ist die Farbe der Reinheit und Unschuld und wird daher gerne für den Brautstrauß verwendet. Gelb gilt als Glücksbringer und steht für das Streben nach Licht und Wärme. Grün lockt den Frühling und somit die Hoffnung nach einem erneuten Erwachen der Natur - des Lebens. Blau ist das Symbol für Treue und vermittelt Ruhe.

Rot ist und bleibt die Farbe der Liebe - die Couleur des Herzens. Wissenschaftler konnten beweisen, dass bei intensiver Betrachtung die Gefühlswelt mächtig durcheinander gerät: So erhöhen sich Blutdruck sowie der Adrenalinspiegel und beschleunigen alle Körpervorgänge - ein aufregender Ton also. Ebenso fesselt Rot den Betrachter und nimmt auf der Skala der Beliebtheit den ersten Platz ein. Nicht umsonst signalisieren rote Rosen: *„Ich verehre dich sehr."* Wer diese Blumen ohne die Absicht einer Liebeserklärung schenken möchte, lockert den Strauß mit andersfarbigen Blüten auf.

Tipps:
- Besonders festlich und traditionell wirken Weiß und Grün!

- Rot mit Dunkelgrün gedämpft ist eine Farbe für besondere Anlässe!
- Gelb gilt als Muntermacher - kommen noch dunkle Töne dazu, dann ist es wie eine „Vitaminspritze in Natura"!
- Nicht zu zarte Töne für das Gebinde wählen, da sonst die Wirkung verblasst!
- Bei einer Geschäftseröffnung, dem Firmenjubiläum oder der Versammlung einer Partei den Blumenstrauß in den Farben des Logos wählen!

Düfte:
Die über die Nase wahrgenommenen Gerüche gelangen in das Gehirnzentrum und werden dort mit bereits bekannten Duftnoten verglichen. Unbewusst rufen diese sofort positive oder negative Erinnerungen sowie Emotionen hervor, die wiederum unsere Reaktionen steuern.

 Tipps:
- Bei einer Festtafel zu stark riechende Blumen vermeiden, da sie den Essensduft überlagern!
- Geschenkidee: Aromadüfte - sie fördern die Energie und steigern unser Wohlgefühl!

Zusammenfassung:
Form, Farbe und Duftnote geben jeder Blume ihre einmalige Ausstrahlung!

Blumengeschenke nach Anlass und Blütezeit „sortiert"

Stil zeigt der Schenkende, indem er immer die zum Anlass und dem Geschmack des Empfängers entsprechenden Blumen wählt. Nur so tappt er nicht in das berühmte Fettnäpfchen!

Blütezeit

Bei der Auswahl ist nicht nur der Grund der Feier entscheidend, sondern auch die Blütezeit der Pflanzen. Nicht jede gewünschte Blume ist ganzjährig erhältlich:

Als **Frühlingsboten** und damit als Zeichen für das kommende Winterende eignen sich Maiglöckchen und Narzissen. Letzte erhielt nach der Mythologie ihren Namen vom schönen Narziss, der in sein Spiegelbild so verliebt war, dass er keine Augen für die Reize der Nymphen hatte. Die Verschmähten bestraften ihn mit der unerfüllbaren Eigenliebe - Narziss starb an seiner eigenen Sehnsucht.

Nach einer anderen Legende zufolge, hat derjenige Glück, der zuerst das an verschwiegenen Plätzen wachsende Veilchen findet - er wird der „Frühlingsherold" genannt. Eine alte indische Sage erzählt, die Pflanze wuchs aus den Freudentränen Adams, der nach einer 100-jährigen Strafe durch den Engel Gabriel wieder in Gottes Gnaden aufgenommen wurde.

Ein weiterer Gunstbeweis an den Lenz ist der Magnolienbaum, der in China nur im Garten des Kaisers blühen durfte und erst 1789 durch ostindische Kaufleute nach Europa kam.

Die Rose lockt als Abgesandte des **Sommers**. Die Königin der Blumen verzauberte bereits im Altertum mit ihrer Farbenvielfalt und Formenpracht in Persien, Ägypten und Griechenland ihre Betrachter.

Der Sage nach erschuf sie Flora - die Göttin der Blumen - als Zeichen für ihre unerwiderte Zuneigung zum Liebesgott Amor. Die Römer bekränzten die ruhmreichen Häupter ihrer Legionäre mit dieser Blüte und schmückten die pompösen Feste von Kaiser Nero und Kleopatra. Erst im 16. Jahrhundert kam das königliche Gewächs in europäische Gärten. Auch hier gibt es eine Geschichte: Trotz Krieg sandte Kaiserin Josephine, die Ehefrau Napoleon's, Kuriere aus, um die schönsten Rosen zu finden, die sie dann zu ihrer Sammlung hinzufügte.

Keiner anderen Blume sind so viele Verse gewidmet wie der Rose. Sie wurde in Mythen und Märchen verewigt; Philosophen oder Dichter schrieben unzählige Werke über sie; in Liedern oder Opern ist ihr Name oft zu hören und im Sprachgebrauch kennt jeder die Bedeutung von „der ist auf Rosen gebettet". Im Christentum wird die Rose als Sinnbild Mariens verehrt.

Der tiefrote Mohn bringt ebenfalls die frohe Kunde der heißen Temperaturen in die Wohnstube. Intensiv leuchtet er wie die untergehende Abendsonne am Horizont.

Licht und Wärme erzeugt die Sonnenblume; zumindest denkt dies der Betrachter. Nach der griechischen Sage liebte die Nymphe Klytis den Sonnengott Helios, der diese Gunst nicht erwiderte. Aus lauter Verzweiflung verweigerte die anmutige Klytis neun Tage lang die Nahrung und starrte ihren Geliebten - die Sonne - an. Aus Mitleid verwandelten die Götter Klytis in eine Sonnenblume. Und noch heute ist sie in Helios verliebt, denn sie lässt ihren Angebeteten nicht aus den Augen und wandert immer in seine Richtung.

 Tipp: Im privaten Kreis geht auch ein selbst gepflückter Wiesenstrauß als sommerlicher Gruß. Bitte vorher die Kleintiere „abschütteln", da sie eine unschöne Dreingabe sind!

Der **Herbst** verabschiedet die warme Jahreszeit und begrüßt die kühleren Monate. Jetzt wird die Ernte eingeholt - der Lohn für vergangene Mühen. Mit ihrer außergewöhnlichen Farbenvielfalt und ihrer schlichten Eleganz überzeugt die Dahlie in diesen Tagen.

Die Christrose - als **Winterblume** - war zu Lebzeiten Ludwig des 14. die Lieblingspflanze der Dichter. Zarte Obstbaumzweige in die Vase zu stellen, ist ein weiterer Brauch, die dunkle und kalte Jahreszeit zu überbrücken. In Japan gilt der Kirschbaum als König unter den Bäumen.

Anlässe:

Abschied:
Um die Hoffnung auf ein baldiges Wiedersehen zu symbolisieren, passen als Abschiedsgeschenk Blumen, die zweimal im Jahr blühen - wie die Glyzinie. Sie ist wie alle Kletterpflanzen ein Zeichen der Freundschaft. Auch die

Narzisse und Hyazinthe blühen im Winter und im Frühling. Nach der Sage hat Apoll den jungen Hyazinthus beim Spiel versehentlich getötet und ihn als Andenken in die gleichnamige Pflanze verwandelt.

Beförderung:
Blumen, die am unteren Stiel geöffnete Blüten aufweisen und oben geschlossen sind, symbolisieren den Aufstieg und sind für diesen Anlass genau richtig. Der Bogenhanf - auch Schwiegermutterzunge genannt - zeigt mit seinen nach oben gerichteten Blättern „wo's lang geht!".

Frieden:
Die Iris war eine besonders liebe griechische Göttin und Botschafterin zwischen den Menschen auf der Erde und dem himmlischen Olymp. Ihre Verbindung bildete der schillernde Regenbogen. Noch heute repräsentiert sie die Balance zwischen den Gegensätzen.

Grabblumen:
Früher wuchsen Kräuter auf dem Friedhof - heute dominieren Schmuckpflanzen. Der Brauch, ein Grab als Versprechen der Auferstehung zu schmücken, ist noch aktuell. Doch nicht alle Blumen sind ideal, um Trauer, Schmerz und den Abschied vom Leben zu versinnbildlichen - einige seien genannt:

- Die Lotusblüte schließt am Abend ihre Blüte und öffnet sie am Morgen wieder. Aus diesem Grunde ist sie eine Metapher für Tod und Auferstehung.

- Trauer zeigt die Zypresse mit ihren dunklen Nadeln und die Trauerweide mit ihren hängenden Zweigen.

- Melancholie signalisiert die weiße Aster - die nach dem lateinischen Wort für „Stern" benannt wurde.
- Die Chrysantheme blüht bei Eintritt des Winters und nimmt jede Hoffnung.
- Als Totenbaum und Schutz vor bösen Geistern galt die Eibe. Immergrün und Buchsbaum stehen für Unsterblichkeit; die Thuja verkörpert das Leben.
- Der Palmzweig ist ein altes Symbol für den Sieg über den Tod.
- Die Anemone drückt Verlassenheit und Einsamkeit aus. Nach der Sage war sie eine schöne Nymphe, die von allen bewundernde Blicke empfing. Die eifersüchtige Flora verwandelte Anemone in eine Blume.

 Tipp: Bei festlichen Anlässen nicht aus Versehen „Grabblumen" schenken!

Hochzeit:
Schon seit der Antike begleiten Blumen „den schönsten Tag im Leben" und das nicht nur im Mai, wo überwiegend die Hochzeitsglocken läuten. Dabei gilt dem Brautstrauß das Hauptaugenmerk, der in Farbe und Art zum Stoff und Schnitt des Brautkleides passen sollte:

Im alten Griechenland wählten die jungen Frauen Mimosen - die Römerinnen griffen auf edle Rosen zurück. Nach wie vor zählt die weiße Lilie zu den Auserwählten, um dieses Ereignis zu krönen, denn auch sie ist ein Zeichen der Unschuld; aber auch der königlichen Würde. Übrigens fand man die früheste Abbildung einer Lilie in Knossos auf Kreta.

Ebenfalls nützliche Begleiter sind die Margerite, die bildsprachlich für unverdorbene natürliche Schönheit steht und der Myrtenkranz mit seinen immergrünen Blättern.

Tipp: Bambus und Kiefer sind Glücksbringer!

Krankenbesuch:
Fröhliche Farben und Blumen sind genau richtig, um den Heilungsprozess zu unterstützen. Der Patient soll sich an der Pracht erfreuen und daraus Kraft schöpfen, um schnell zu genesen.

Tipps:
- Topfpflanzen (Bakteriengefahr!) und stark duftende Blumen sind für das Krankenzimmer ungeeignet!

- Ältere Menschen können auf einen weißen Strauß negativ reagieren, denn diese Farbe war früher der Grabbepflanzung vorbehalten. Deshalb: Mit anderen Farben kombinieren!

Siegerblumen:
Der Lorbeerkranz bedeutet die sichtbare Auszeichnung für Talent, Weisheit oder Heldentum.

Für Ihre Briefmuster:

Für Ihre Briefmuster:

NACHWORT

Mit großer Freude habe ich Ihnen, liebe Leserinnen und Lesern, die Empfehlungen und Tipps *„Rund um das richtige Schenken"* aufgeschrieben.

Auch in unserer Zeit - an der Schwelle des neuen „Millenniums" - hat sich der Spruch aus der Bibel: *„Geben ist seliger, denn nehmen!"* einen aktuellen Stellen**wert** bewahrt: Die bedachte Auswahl; eine Sprache der Sympathie bei der Geschenkübergabe und Annahme - ja sogar das Outfit der Dekoration und Verpackung sind für alle an der Zeremonie des Schenkens Beteiligten **wert**voll.

Nur, was von Herzen kommt, geht zum Herzen und löst beim anderen Freude aus! Es ist die Anerkennung darüber, dass das Geschenk „ankommt" und „gebraucht" wird, die die Beteiligten zufrieden stimmt.

Nur ein gutes Gefühl ist für die Vertiefung der Beziehung die Basis - ein negativer **Eindruck** bewirkt genau das Gegenteil!

Für Ihren täglichen Bedarf soll dieses Buch Ihr ständiger Ratgeber sein!

Ludwigsburg, im Oktober 1999

Christa Wichardt

STICHWORTVERZEICHNIS

Ablehnen eines Geschenkes 17
Anrede sympathisch gestalten 59
Anredemuster 59
Äußere Erscheinungsbild 44
Bedeutung der Korrespondenz 54
Beziehungsebene 35
Blumen als Gastgeschenk 189
Blumen für
    Beförderung 198
    Frieden 198
    Grab 198
    Hochzeit 199
    Krankenbesuch 200
    Siege 200
Blumensprache 191
Blütenform 192
Brauch des Schenkens 13
Briefkultur 55
Briefkuvert 56
Briefmarken 56
Büttenrede 168
Checklisten
    Beziehungsebene 35
    Briefe sympathisch gestalten 70
    Budget 38
    Dekor 53
    Dekoration 53
    Helfer bei der Ideensuche 42
    Schnürmaterial 52
    Sinn der Verpackung 50
    Umweltfreundlich verpacken 47
    Zustellung 39
Doppelpräsente 34
Duftnoten 194
Eindruck 14
Erwartungshaltung des Beschenkten 20
Etat 37
Farben 51, 192, 193
Floskeln / Papierwörter 63
Frühlingsblumen 195
Füllfederhalter 57
Geldgeschenke 16
Geschenk auspacken 185
Geschenke planen 17
Geschenke-Truhe 40
Geschenkideen
    Neutrale Präsente 178
    Geburts-/Namenstage 145
    Sternkreiszeichen 158
Geschenk-Lücken - 40
Herbstblumen 197
Hochschätzung 16, 32
Kommunikatives Handeln 20
Korrekte Anrede 60
Kreative Sprache 66
Kulinarische Reise durch:
    Baden 20
    Bayern 21
    Berlin 30
    Brandenburg 29
    Bremen 26
    Hamburg 27
    Hessen 23
    Mecklenburg-Vorpommern 28
    Niedersachsen 26
    Nordrhein-Westfalen 25
    Pfalz 24
    Rheinland 23
    Saarland 24
    Sachsen 31
    Sachsen-Anhalt 30
    Schleswig-Holstein 27
    Thüringen 31
    Württemberg 21
Lebensmittel als Geschenk 36
Musterbriefe
    Abitur 77

Autokauf 78
Einschulung 73
Einzug in die erste
 Wohnung 79
Firmung 75
Geburt 71
Geburtstag 87
Geburtstag, 100 Jahre 96
Geburtstag, 18 Jahre 88
Geburtstag, 40 Jahre 89
Geburtstag, 50 Jahre 90
Geburtstag, 60 Jahre 92
Geburtstag, 70 Jahre 93
Geburtstag, 80 Jahre 94
Geburtstag, 90 Jahre 95
Geldgeschenk zur Hochzeit
 81
Kommunion 74
Konfirmation 76
Ostern 177
Polterabend 80
Taufe 72
Verlobung 80
Weihnachten 176
Musterbriefe "Im Beruf"
Beförderung 160
Berufsstart 159
Dienstjubiläum 161
Einweihung 165
Eröffnung 163
Ruhestand 162
Firmengedenktag 164
Musterbriefe
Sternkreiszeichen
Fische 148
Jungfrau 154
Krebs 152
Löwe 153
Schütze 157
Skorpion 156
Steinbock 146
Stier 150
Waage 154
Wassermann 147
Widder 149

Zwilling 151
Musterbriefe Überraschung
Einladung zum Essen 173
Einzug 174
Karten für Fußballspiel 172
Karten für Karneval 167
Plattdeutsch 29
Namenstagbriefe
Adelheid 144
Agnes 100
Aloysius 119
Andreas 140
Arnold 114
Bartholomäus 128
Benedikt 109
Bernadette 105
Bruno 135
Diana 118
Felicitas 107
Günther 134
Helena 126
Hildegard 131
Hiltrud 116
Irene 111
Iris 130
Isidor 111
Johannes 112, 120
Juliana 104
Katharina 139
Margaretha 123
Martha 124
Martin 138
Martina 101
Mathilde 108
Nikolaus 142
Rosa 127
Thekla 132
Thomas 122
Valentin 103
Wilhelm 99
Wolfgang 136
Namenstage
April 110
August 125
Dezember 141

Februar 102
Januar 98
Juli 121
Juni 117
Mai 113
März 106
November 137
Oktober 133
September 129
Platz für Ihre Briefmuster
201
Preisschild 49
Schleifen 52

Sommerblumen 196
Symbolcharakter der Gabe 18
Takt 16
Tiere als Geschenk 41
Verpackung 44
Wann sollen Blumen
  überreicht werden? 189
Wertschätzung 44, 55, 61, 63
Winterblumen 197
Wunschliste 40
Zeremonie des Auspackens 45
Zum Abgewöhnen 58